U0926679

智能时代企业新发展系列丛书

智能时代的银行风险管理

孙军正◎著

中国财富出版社

图书在版编目（CIP）数据

智能时代的银行风险管理／孙军正著．—北京：中国财富出版社，2019.7
（智能时代企业新发展系列丛书）
ISBN 978-7-5047-6965-7

Ⅰ.①智…　Ⅱ.①孙…　Ⅲ.①银行业—风险管理—研究　Ⅳ.①F830.2

中国版本图书馆 CIP 数据核字（2019）第 140352 号

策划编辑　谢晓绚　　**责任编辑**　张冬梅　吴婉素
责任印制　梁　凡　郭紫楠　　**责任校对**　卓闪闪　　**责任发行**　张红燕

出版发行　中国财富出版社
社　　址　北京市丰台区南四环西路 188 号 5 区 20 楼　　**邮政编码**　100070
电　　话　010-52227588 转 2098（发行部）　010-52227588 转 321（总编室）
　　　　　010-52227588 转 100（读者服务部）　010-52227588 转 305（质检部）
网　　址　http://www.cfpress.com.cn
经　　销　新华书店
印　　刷　北京京都六环印刷厂
书　　号　ISBN 978-7-5047-6965-7/F·3047
开　　本　710mm×1000mm　1/16　　**版　　次**　2019 年 9 月第 1 版
印　　张　10.5　　**印　　次**　2019 年 9 月第 1 次印刷
字　　数　117 千字　　**定　　价**　46.00 元

前　言

以计算机为基础的信息技术革命以及网络技术的广泛使用与发展，对金融领域产生了非常大的影响，尤其是像支付宝等致力于提供“简单、安全、快速”的支付解决方案的第三方支付平台，对银行的业务更是造成了极大的冲击。但是智能时代的到来也给银行业带来了机遇，如网上银行的诞生。目前，网络技术已成为商业银行业务赖以运行的支撑技术，网络技术所具有的快速远程处理的功能，虽然为便捷、快速的金融产品和服务提供了强大的技术支持，但也加快了商业银行风险的积聚过程。智能时代的安全问题是制约银行发展的一个重要因素，只有做好智能时代的银行风险管理，银行才能适应时代潮流、获得更好发展。

本书从银行风险管理的重要性谈起，讲述了智能时代的银行如何构建风险管理体系，银行主要的风险管理内容，银行主要业务风险防范，以及银行业从业人员应该具有怎样的职业操守。文中除运用了一些案例进行讲述外，还运用了一些图片对银行所面临的风险以及风险的管控方法等进行了说明，让人一目了然。

风险管理能力是银行的核心能力，而商业银行的风险管理能力直接影响银行的生死存亡。银行业的繁荣稳定，有利于经济的发展和人们生活水平的提高。银行构建科学的风险管理体系是所有工作中的重点。银行业做好对风险的预测和管控，不但能避免损失，还能让银行业把握住互联网带来的发展机遇。银行利用大数据和云计算分析，不但能发现客户需求，为客户提供优秀的产品和服务，还能有效掌握客户的信用问题，避免因客户不守信用而给银行带来损失。

银行业进一步改进和深化风险管理，尽快与国外风险管理水平先进的商业银行接轨，要从信用风险、市场风险、操作风险等几个常见的风险着手，确定有效的防范方法。本书就对银行业所面对的这几类风险进行了详细的讲述，给出了有效的管控方法。希望银行业从业者阅读本书之后，能够有所获益。

孙军正

2019 年 7 月

目 录

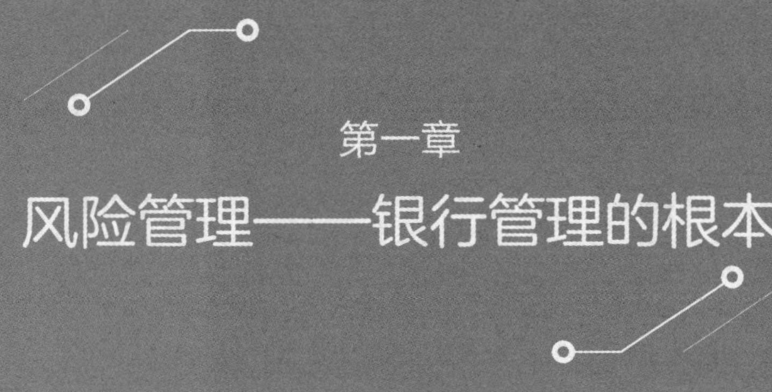

第一章

风险管理——银行管理的根本

智能时代银行风险管理的重要性

智能时代不但信息传播迅速，跨界而来的第三方支付更是抢夺了银行的很多业务。早在2008年，马云就放言："如果银行不改变，我们就改变银行！"如今这句话成了现实。在"互联网+"背景下，银行业更是面临"内忧外患"：内部利润增长率不断下滑，信贷利差缩小；外部各类电商平台以及互联网金融平台分食消费信贷业务。

世界领先的全球管理咨询公司麦肯锡对全球各大银行进行分析后得出的报告被形象地誉为"银行业死亡笔记"——未来能存活下来的银行只有3/5。此后，在微信朋友圈又传出毕马威会计事务所发布的一份"危言耸听"的报告：到2030年，银行将消失，全球百万名银行员工将面临失业。面对如此严峻的形势，银行业的未来在哪里？

对于商业银行来说，盈利是不变的核心。银行要想盈利，就要有效评估、分析、检测、处理智能时代银行所面临的风险，保证自己的资金安全。近年来，银行对风险管理也花费了一定的精力。然而在智能时代，商业银行风险管理承载了更多的压力和挑战。但这并不意味着如今的商业银行无法做好风险管理。正如专家指出的："互联网+"对商业银行的风险管理来说，不仅是冲击，还是转型和变革的新契机。风险管理可以充分利用"互联网+"的信息和数据优势，进一步打破信息不对称，紧跟信息时代的潮流。

做好风险管理是智能时代银行的安身立命之本。如今，银行想要做好风险管理，就要对银行过去传统的风险管理的不足有充分的认识。智能时代银行业的高风险，对现在的银行风险管理提出了高要求，现代商业银行规范和防范风险的能力直接影响商业银行是否能够盈利、是否能在竞争激烈的资本市场中平稳运行。所以，在智能时代，银行要充分利用"互联网+"的优势，使银行进一步拓宽数据库、丰富数据维度、优化数据源、细化数据颗粒，提升自己的数据处理能力。银行充分利用云计算和云数据，更有利于优化银行风险管理的模型体系，使信息海量处理成为可能，从而实现为客户提供优质私人定制服务。在智能时代，银行做好风险管理的重要性是不言而喻的。具体来说，银行做好风险管理的重要性，表现在以下几个方面，如图1-1所示。

1. 有利于预见风险

在智能时代，银行做好风险管理，能够让银行更有效地预见潜在的风险；能够根据预测的风险做出分析，确定相应的应对措施，从而有效预防和降低风险。智能时代，银行风险的突发性、偶发性概率增加。因此，银行在做风险预测的时候，要尽量做到全面分析，尽可能地预见各种突发情况，以便在做管理规划的时候有备无患。

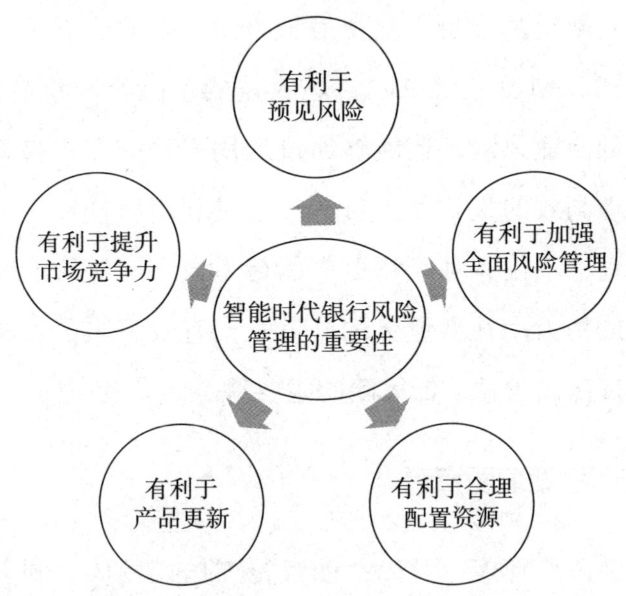

图 1-1　智能时代银行风险管理的重要性

银行在对经营中可能遇到的风险进行分析、预测的时候，一定要对各类风险做出等级评定，具体可以参考一些有影响力的评定机构的意见，并写出相关的风险报告，以便银行管理者分析、判断风险发生的可能性，做好充分的管控准备。

2. 有利于加强全面风险管理

对于智能时代的银行来说，做好风险管理十分重要。在银行风险管理这方面，西方发达国家做得比我们超前，它们的很多管理经验值得我们借鉴。以美国为例，其商业银行的风险管理，体现了全面性、全程性和严密性的特征，在风险管理过程中的各个环节都能够找寻到它的亮点。例如，美国银行业十分重视风险和收益之间的关系，不断分析自身的经营目标和资金状况，根据实际情况和未来的发展等来判断贷款定价；重视信贷风险，因此改进了原有的信贷资产监管模式，创设了低风险、高收益的风险资产组合管理方法，不仅能够降低商业风险，还能够通过远期避险的方式与金融机构对冲，实现合理高效的贷款管理目标。通过利用信贷资产组合的方法开展风险管理，不仅有利于将更多的精力放在解决行业问题上，还能够将多余的精力用在新业务的开发上，有效解决了资源过度集中的问题，体现出高收益、低风险的主要特点。

3. 有利于合理配置资源

银行实施风险管理，可以帮助银行工作人员从上到下树立风险意识，使银行可以清楚地对风险与盈利之间的关系进行分析。这样做，不但有利于对风险进行管控，还可以根据风险的实际情况来调整和优化银行的资源配置，使银行能够从容面对风险，做好智能时代银行风险的管控工作。

4. 有利于产品更新

实践表明，商业银行适合遵循与控制额度的规避风险战略不同的投资指导原则和战略，这种投资指导战略更积极，能够根据智能时代的市场环境积极地进行选择，无条件地承担总资产的组合风险。这样做，不但有利于商业银行的未来收益套期保值，有效规避了金融市场的风险，而且限制了商业银行的投资和套利活动规定，有效避免了风险的发生，将未来发展重点侧重在银行产品更新上。

总之，银行做好风险管理，有利于帮助银行及时了解市场信息，并根据市场需求推出受到人们欢迎的理财产品、提高银行服务水平。银行通过全面风险评估，能够更加准确地预测银行产品的价值，通过全面风险评估创新发展产品，使银行能够健康发展。

5. 有利于提升市场竞争能力

进入智能时代以来，我国银行业从各个方面做出了改革，不断学习国外的先进管理方法，把国外一些先进的管理技术引入我国银行业的管理过程当中，很多银行还引进了相关的风险管理软件，有效借助外部的力量实现我国银行的改革，对银行的风险管理体系的完善有较大的帮助作用。例如，招商银行、民生银行等采用国外先进的风险管理方式，增强了市场竞争力，自上市以来发展迅猛、收益不断升高。

业绩快报显示：2016 年，招商银行实现营业收入 2090.25 亿元，同比增长 3.75%。其中，非利息净收入 744.30 亿元，同比增长 16.51%；营业利润 777.18 亿元，同比增长 4.67%；利润总额 789.63 亿元，同比增长 5.17%。截至 2016 年 12 月 31 日，招商银行资产总额为 59442.79 亿元，比 2015 年年末增长 8.57%；负债总额为 55409.91 亿元，比 2015 年年末增长 8.37%。

据网易新闻报道，2016 年，民生银行国际排名大幅上升：在美国《财富》“世界企业 500 强”排名位列 221 位，比 2015 年大幅上升 60 位；在英国《银行家》2016 年“全球银行 1000 强”位列 33 位，比 2015 年提升 5 位。2016 年，民生银行集团实现营业收入 1552.11 亿元，比 2015 年增加 7.86 亿元，增幅 0.51%。其中，非利息净收入

605.27 亿元，同比增加 3.70 亿元，增幅 0.62%，占营业收入比率为 39.00%，同比提高 0.04 个百分点。在非利息净收入中，手续费及佣金净收入达到 522.61 亿元，同比增加 10.56 亿元，增幅 2.06%，占营业收入比率为 33.67%，同比提高 0.51 个百分点。2016 年，民生银行集团实现零售业务净收入 496.19 亿元，营业收入贡献占比 31.97%，同比提升 2.45 个百分点。

通过上面的数据可以看出，招商银行和民生银行无论是在收益还是在排名方面，都有大幅提升。所以，银行做好风险管理工作，有利于提升市场竞争能力。

风险与损失有何不同

什么是风险？风险是指由于一些不确定因素的存在，使人们做某件事情可能会出现达不到预期的情况。风险带有不确定性，做一件事情即使存在预期的风险也可能会成功。例如，天空阴沉沉的，你如果不带雨具外出，有被淋湿的风险。但是，这不代表天阴就一定会下雨，你就一定会被淋湿。银行风险是指在银行经营过程中，一些不确定因素会使银行的资产或预期收入受到损失。

损失与风险不同。风险可能带来损失，而不是有风险就一定会有损失。风险是还未发生的，可以预测，可以防范；损失带有确定性，是已经发生的事情，是一种结果。通过对风险的预测和管控，可以降低风险，减少造成损失的可能性，但不能减少已经造成的损失。例如，你带着钱包走在大街上，为了降低你的钱包被偷的风险，你可以把钱包放在比较安全的口袋里。如果是你的钱包已经被盗，现金的损失数量就是一定的了。所以，银行要想保证自己的盈利，就要对一些风险进行有效的预期与评估，做到未雨绸缪，不要等到损失已经造成了再去后悔。

风险预测是对未来可能发生的损失大小的预测。银行想要测试某种风险会带来多大的损失，由于未来是不确定的，只能通过对现有数据进行预测。用大数据对风险进行预测时，可以通过对过去此类风险的最小值、最大值和平均值的计算，来预测此次风险的大小。一般来说，银行在对风险进行预测的时候，不要做保守估计，不要一味乐观，如果风险损失的值预测较低，造成的实际损失又比较大，会严重影响银行的正常运行。所以，银行在对风险损失进行预测的时候，一定要预测到最大损失是多少，一旦真的造成最大损失，就要确定此次活动是否还有进行的必要。如果是必须要做的事情，就要做好发生最大损失的防控措施，使损失降到最小。

银行要想在管理上有效地避免风险，就不能笼统地讲损失。因为损失本身就有很大的可变性，损失可能很大，大到影响企业的正常运营；损失也可能很小，小到可以忽略不计。损失的变化范围这么大，银行很难采取有效的手段避免损失。因此，只能做好对风险的评估和预测，制订出应对的方案。所以，不要一提到风险就把它想象成会有多么大的损失，也不要轻视风险发生的可能性。因意外风险导致银行倒闭的案例比比皆是。

巴林银行集团曾是英国伦敦城内历史悠久、名声显赫的商业银行集团，素以发展稳健、信誉良好闻名，其客户多为社会上层人士，包括英国女王伊丽莎白二世。该行成立于1762年，最初仅是一个小小的家族银行，后逐步发展成一个业务全面的银行集团。巴林银行集团的业务专长是企业融资和投资管理，业务网点主要分布于亚洲及拉美新兴的国家和地区，在中国上海也设有办事处。到1993年年底，巴林银行的全部资产总额为59亿英镑，1994年税前利润高达1.5亿美元。1995年2月26日，巴林银行因遭受巨额损失，无力继续经营而宣布破产。从此，这个有着233年经营史和良好业绩的老牌商业银行在伦敦城乃至全球金融界消失。该行后由荷兰国际银行保险集团接管。

巴林银行之所以破产，是因为新加坡巴林公司期货经理尼克·里森错误地判断了日本股市的走向。1995年1月，里森看好日本股市，分别在东京和大阪等地购买了大量期货合同，指望在东京指数上升时赚取大额利润。谁知天有不测风云，日本大阪地震打击了日本股市的回升势头，股价持续下跌。巴林银行最后损失金额高达14亿美元，而其自有资产只有几亿美元，亏损金额难以抵补，这座曾经辉煌的金融大厦就这样倒塌了。

巴林银行集团的倒闭是因为其掌舵人过于乐观地预估了日本期货的收益，没有制订发生意外的应对机制，缺少风险意识。所以，银行在做任何项目时，都要设想若发生意外该如何应对。不要把自己的所有家当都投在一个项目上，万一这个项目不成功，就会输得一败涂地。

对银行来说，想要正确把握潜在风险可能带来的损失，就要学会细分损失。细分损失是银行做好风险管理的基础。一般来说，银行风险损失可划分为非预期损失、预期损失和极端损失（见图1－2）。

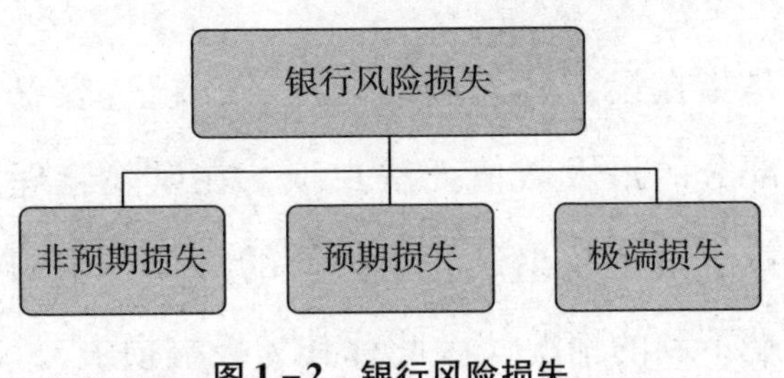

图1－2　银行风险损失

银行在进行一项活动或者推出一款产品的时候，潜在的风险损失往往不是只有一种，而是各种风险损失都有可能。所以，银行的风险损失可以用这个公式来计算："全部损失＝非预期损失＋预期损失＋极端损失"。

1. 非预期损失

非预期损失是指在设定容忍度的前提下，超过容忍度平均损失值的部分。这部分相对不确定。一般情况下，实际损失只在平均值附近，不会到达最大损失值。只有在很少的特殊情况下才会接近最大损失值，因此叫作非预期损失。

2. 预期损失

预期损失是指相对来说比较确定的损失。可以用相对确定的办法来处理，就是把平均损失值作为一种风险成本计到产品价格中。也正是由于平均损失值的相对确定性，可以认为这种风险产生的损失是可能被预估的，因此也称其为预期损失。

3. 极端损失

极端损失是指在设定容忍度的前提下，超过容忍度的最大损失值的损失。这部分的最大数值无法封顶，在风险管理上是无法完全解决的一个缺口。由于超出最大损失值的情况发生的概率极小，一般是发生了极端不利的情况，因此称其为极端损失。

在上面提到了容忍度，那么什么是容忍度呢？在银行业，容忍度是指银行对风险损失容忍的程度，是计量最大风险值时，损失未被资本覆盖的可能性。尽管容忍度是人为设定的，可大可小，但容忍度并不是可以随意设定的，因为不同的容忍度决定了非预期损失和极端损失之间的划分。

银行在风险管理中，对待非预期损失和极端损失的方式应该是完全不同的：对非预期损失，金融机构要用资本金覆盖；对极端损失，银行只能用压力测试等手段来预防，资本金是覆盖不到的。所以，银行风险损失容忍度的大小决定了所需资金的多少。如果容忍度过低，就会把非预期损失估计得很大，这样银行就需要很多资本去覆盖风险；把几乎所有可能的损失都覆盖了，这样确实非常安全，但是要几十倍、上百倍地增加资本金，这对银行的盈利会形成挑战。如果容忍度过高，测算的非预期损失过小，所要求的资本金也较少，这样大量的可能损失被看成极端损失，没有资本金覆盖，这就意味着在较大可能情况下，银行对风险没有足够的资本应对。所以，银行在设定容忍度的时候，一定要结合自己的实际情况，在资金允许又不影响银行发展的情况下，尽量覆盖损失。

风险与收益有何关联

任何事物都是一个矛盾共同体，风险与收益就是一种事物的两个不同方面，两者既相互矛盾，又共同存在。受益的前提是冒风险，承担风险的结果就可能是获得收益。收益以风险为代价，风险用收益来补偿。在智能时代，银行的风险和收益是银行管理者关注的焦点。有些银行管理者谈风险色变，认为有风险的事情不能做；有些银行管理者好大喜功，只要是看到收益的曙光，就不顾一切地行动，把风险完全抛之脑后。这些做法都是不对的。商业银行的管理者要合理看待风险与收益，认真分析两者的关系，对风险和收益做出客观的评价，只有这样才能使银行在稳健经营基础上做到收益最大化。具体做法如图 1－3 所示。

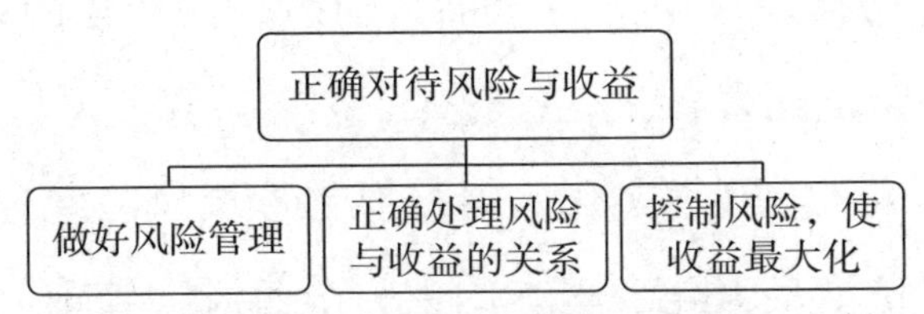

图 1－3　正确对待风险与收益

1. 做好风险管理

银行要想做好风险管理，首先，要树立风险管理意识。要让银行工作人员真正认识到风险防范不仅是管理层和风险管理部门的事情，也是每个部门、每个分支机构、每个员工共同的责任。银行还要有风险调整收益的观念。在银行经营管理过程中，要正确处理好业务发展与风险控制的关系，真正实现稳健经营和可持续发展。

近年来，银行间不正当的恶性竞争时有发生，令银行业很受伤。所以，银行还需要从自身做起，树立正确的竞争观念，依靠提高工作效率和服务水平来争取优质客户，有意识地避免恶性竞争给银行业造成的风险。

其次，建立风险管理机制，引进先进的风险管理方法，全面提高风险管理能力。一是设立垂直管理的专职风险管理部门，建立独立的风险评级或评审机制，保证内部评级的独立性、公正性和真实性。二是引进先进的风险管理方法和技术，建立系统、透明、文件化的内部控制体系，形成风险管理平台，建立明确的风险映射关系。三是统一运用现代化信息技术，通过构建经济分析、数理统计和金融工程等方面的模型与方法，从行业、区域、产品、客户等多维度对银行所面临的信用风险进行全面、动态、标准化的评级和预警，全面提高风险防范能力。

最后，形成风险管理文化。银行要想形成风险管理文化，应大力倡导和宣传价值最大化、资本约束、全面风险管理、风险与收益平衡、内控优先等先进理念，营造风险管理文化的良好氛围，使每个岗位、每个人做每项业务时都考虑到风险因素，坚持“风险防范从我做起、风险管理从每项业务抓起”的理念。从而，将风险管理文化根植于员工的头脑之中，成为每个员工的基本信条和共识；将风险管理的理念渗透到各个部门、各个岗位、各个业务流程和环节；

将风险管理的规范变成员工的自觉意识和行动，形成前、中、后台风险管理协调一致的良好运作机制。

2. 正确处理风险与收益的关系

根据《新巴塞尔协议》，风险管理水平高的银行将在资本充足率的监管要求上获得优惠待遇，对风险加权资产的资本覆盖要求减低，这样银行就有更多的资本进行业务拓展；反之，若风险管理能力达不到监管要求，则必须缩减业务范围或规模，以增强经营风险的资本保障能力。因此，有效的风险防范和控制是持续健康发展、提高经营效益的保证。银行在发展的过程中，一定要处理好风险与收益的关系。在做好风险管理的基础上，再图银行的发展大计。在有效控制风险、继续发展目前仍能带来较好收益的对公业务的同时，应大力发展预期收益好的个人高端客户，以及经营风险相对较小的中间业务、电子银行、信用卡等业务，以确保收益目标最终实现，构建最具价值创造力的现代股份制银行。

风险与收益的基本关系是：收益与风险一般来说呈正相关。也就是说，风险较大的业务，其要求的收益率相对较高；反之，收益率较低的投资，风险相对较小。但是，绝不能因为风险与收益有着这样的基本关系，就盲目地认为风险越大、收益就一定越高。风险和收益是一枚硬币的两面，收益的获取以适当的风险为代价，风险的暴露必须以相应的收益作为补偿，两者互为因果、共生共存。收益的增长总是伴随着风险的产生和加大，风险的加大总是阻碍着收益的提高，它们是对应的，但又是不对称的。主要表现在：第一，风险总是随着收益的增长悄然产生，风险在一开始并不十分明显，在收益获取的过程中逐渐显露。有时风险是已知的、可察觉的、可控的，有时是未知的、突然的、不可控的。第二，收益的确定是主观的、绝对的，而风险的产生是客观的、相对的。总是风险的变化决定收益的高低，而不是收益决定风险的大小。第三，风险是外在的环境和影响因素，而收益是既定的目标和结果。

3. 控制风险，使收益最大化

（1）风险成本与风险收益相匹配。

惧怕风险，因为有风险就不行动，自然不会获得收益。冒着倾家荡产的风险去做一件事，万一真的失败，倾家荡产，这样的风险又不值得去冒。到底什么样的风险可以冒，什么样的风险要避免呢？这就要看风险成本与风险收益的匹配度。当风险成本小于风险收益的时候，当然是最理想的风险成本与风险收益相匹配的状态；当风险成本与风险收益相等时，就要考虑所做的事情是否还会带来其他益处，不能轻易行动；当风险成本大于风险收益时，是最不理想的状态，出现这种情况的时候，千万不要行动。

（2）业务增长与风险相适应。

银行要在完善的以资本为核心的风险和效益约束机制的基础上，使银行的业务增长与风险相适应。盲目追求业务的增长、不顾及风险的大小，这种做法最终会造成巨大的损失。因此，银行业务的增长要与风险相适应，要在一定的风险范围内扩大业务，如果业务的发展以风险的提高为前提，银行就要谨慎了。

（3）加强财务统计分析。

银行要想合理控制风险就要加强财务分析，将财务报告分析作为银行预测和控制风险的一个重要依据，全面进行系统内、同业内的对比分析，以便客观揭示财务和风险状况，及时发现问题和不足，为经营决策提供服务。

现实当中，很多人将商业银行的风险管理和收益对立起来，认为它们是天然相反的两个方面，实则不然。风险和收益是一个事物的两个方面。有效的风险管理可以为银行的健康发展提供支撑，创造效益；银行的健康发展也可带动风险管理能力的提高，实现从风险规避到风险经营的跨越。正确处理商业银行风险与收益的关系，是实现银行持续健康发展的关键和核心。

银行面临的风险有哪些

随着互联网技术的发展，银行所面临的风险不断提高，种类也与过去有所不同。银行要想做好风险管控，就要了解目前银行业面临的主要风险种类，从而做好风险管控工作。智能时代，银行所面临的风险主要有信用风险、操作风险、流动性风险、市场风险、国家风险、法律风险、战略风险、声誉风险8种，如图1－4所示。

1. 信用风险

信用风险又称违约风险，是指债务人或交易对手未能履行合同

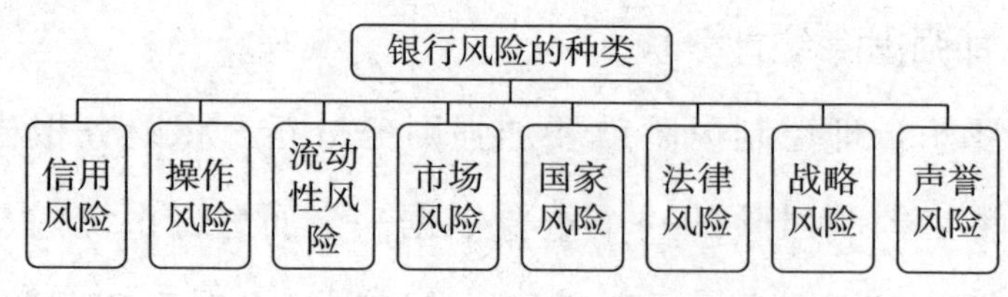

图1-4　银行风险的种类

所规定的义务或信用质量发生变化，从而给银行带来损失的可能性。

信用风险几乎存在于大多数银行的所有业务中，它是银行风险当中最为复杂、最为主要的风险。

一般来说，信用风险主要包括不良贷款率、资本充足率和不良贷款结构不合理三个方面的问题。首先是不良贷款率。银行的财务指标与不良贷款率息息相关，其直接影响到银行的经营稳定性。我国银行业发展的过程中，主要的隐患就是不良贷款存在的问题，它甚至可能影响整体的金融市场或整个国家的宏观经济。在市场经济环境不断变化的背景下，商业银行都有可能受到信用风险的威胁，要想实现商业银行的发展，就必须改善不良贷款率。其次是资本充足率。自2010年以来，我国有281家商业银行的资本充足率水平达到了《巴塞尔协议Ⅲ》的监管要求，但是大多数的商业银行为了达到目标，过度依赖再融资，虽然它有效地缓解了银行资金不足的情况，却仍然是治标不治本。所以，银行要想达到资本充足率监管的要求，应该重点加强自身的核心竞争力，这样才能够提高抵御风险的能力。最后是不良贷款结构不合理。商业银行贷款的主要地区集中在我国的大城市和东部沿海城市，因此不良贷款严重地区也集中在此。不良贷款行业和地区的分布严重不平衡，这为商业银行的发展埋下了隐患，更容易导致不良资产率居高不下的情况。受到我国国情的影响，我国的商业银行拥有较大的不良贷款余额，尤其是我国五大银行的不良贷款余额居高不下，存在较大的风险隐患。

2. 操作风险

操作风险是指由不完善、有问题的内部程序，人员及系统或外部事件所造成损失的风险。操作风险可以分为流程、人员、系统和外部事件所引发的四类，共七种表现形式：内部欺诈，外部欺诈，聘用员工做法和工作场所安全有问题，客户、产品及业务做法有问题，实物资产损坏，业务中断和系统失灵，执行、交割及流程管理不完善。

操作风险存在于银行业务和管理的各个方面，并且具有可转化性，即可以转化为信用风险、市场风险等其他风险。

商业银行的操作风险事件时常发生，由于各个银行的总行、分行、支行的分工侧重点不同，职责也不一样。总行和分行主要担负管理的职能，由于组织架构的设置，主要的营业机构还是集中在支行，在具体的业务办理工作中支行是主要承担者，所以操作风险事件也大多集中在分支机构当中。并且，受到我国国情的影响，商业银行的行政管理模式存在弊端，支行没有设立专门的风险管理部门。虽然在总行设有专门的内部审计部门，但是没有办法实时地掌握支行信息，开展有效的管理控制。因此，我国的商业银行操作风险仍然广泛存在。为了改善商业银行的风险发生情况，我国需要针对操作风险中的薄弱环节进行改善。

3. 流动性风险

流动性风险是指无法在不增加成本或资产价值不发生损失的条件下及时满足客户的流动性需求，从而使银行遭受损失的可能性。

流动性风险包括资产流动性风险和负债流动性风险。资产流动性风险是指资产到期不能足额收回，不能满足到期负债的偿还和新的合理贷款及其他融资需要，从而给银行带来损失的可能性。负债流动性风险是指银行过去筹集的资金特别是存款资金由于内外因素的变化而发生不规则波动，受到冲击并引发相关损失的可能性。

4. 市场风险

市场风险是指因市场价格（包括利率、汇率、股票价格和商品价格）的不利变动而使银行表内和表外业务发生损失的风险。

市场风险包括利率风险、汇率风险、股票价格风险和商品价格风险四大类。其中，利率风险指商业银行的利息收入和相关的市场价值会受到市场利率的影响产生波动或偏离。随着现代国际金融形势的变化越来越快，利率市场化改革的挑战越来越大。为了调控市场经济，我国开始频繁地利用金融手段中的利率进行经济调控，这导致商业银行的利率风险管理面临更大的挑战。由于我国利率并没有实现市场化，商业银行的主要盈利仍来自存贷款之间的利息差。与股份制银行相比，国有商业银行的敏感性较高，存在的利率风险更大。我国商业银行仍旧保持着长贷款、短借款的模式进行操作，商业银行利息收入占据比重较大，主要依靠利息差额体现利润。面对越来越严格的资本金监管约束，商业银行需要对自己的发展方向、盈利模式进行调整。

5. 国家风险

国家风险是指经济主体在与非本国居民进行国际经济与金融往来中，由于他国经济、政治和社会等方面的变化而遭受损失的可能性。国家风险通常是由债务人所在国家的行为引起的，超出了债权人的控制范围。

国家风险可分为政治风险、社会风险和经济风险三类。

国家风险有两个特点：一是国家风险发生在国际经济金融活动中，在同一个国家范围内的经济金融活动不存在国家风险；二是在国际经济金融活动中，无论是政府、银行、企业还是个人，都可能遭受国家风险所带来的损失。

6. 法律风险

法律风险是指银行在日常经营活动中，因为无法满足或违反相关的商业准则和法律要求，导致不能履行合同，发生争议、诉讼或其他法律纠纷，而可能给银行造成经济损失的风险。

7. 战略风险

战略风险是指银行在追求短期商业目的和长期发展目标的系统化管理过程中，不适当的未来发展规划和战略决策可能威胁银行未来发展的潜在风险。该风险主要来自四个方面：银行战略目标的整体兼容性；为实现这些目标而制定的经营战略；为这些目标而动用的资源；战略实施过程的质量。

8. 声誉风险

声誉风险是指由于意外事件、银行的政策调整、市场表现或日常经营活动所产生的负面结果，可能对银行的无形资产造成损失的风险。

智能时代银行风险的特点

商业银行经营的资产不是实物产品，而是具有高度流动性和易失性的货币、票据，甚至是没有固定形态的电子货币。商业银行的利润主要来自资金的存贷息差，或者说商业银行主要通过将其资金的控制权或使用权“出租”给客户而获取收益，其资产的增值过程是在客户的控制之下完成的。商业银行的经营风险与一般的生产企业相比，具有如下特点。

1. 全面性

经营风险存在于商业银行的各种经营项目和各个业务环节中。不论是信贷、储蓄还是投资，不论是票据交换还是账务处理，都不可避免地存在这样或那样的风险。稍有不慎，风险就会由“造成损害的可能性”转化为现实的损害，甚至是严重的损害，例如，贷出的资金控制不好无法如期收回本息，储户挤提造成的流动性风险，支付差错或收入假票、假币造成损失等。即使是库存资金，也会因为利率、汇率等的变动而造成损失。对商业银行来说，没有风险的业务是不存在的，没有风险的资产也是不存在的。

2. 不确定性或多变性

商业银行经营风险产生的根源多与某种人为因素有关，这决定了其经营风险的多变性和不确定性。而且，市场环境、企业行为都在不断地变化，商业银行出于竞争压力，也在不断开发新的金融服务项目，这也会使商业银行面临的经营风险不断变化。

3. 风险损失的突发性

商业银行经营中的许多风险因素往往事先不易把握，这些风险因素会在很短的时间内对银行造成严重的危害，令银行措手不及。例如，由于储户的提款需求具有随机性、难于事先预测，特别是对于自有资金较少、吸纳存款数额和储户多的银行，一旦因某种原因（如小道消息的误导）储户同时提出提款要求，使资金需求大大超出银行正常的备用资金，银行就会难以应付。再如，信贷客户不经银行同意将贷款用于风险很高的投机活动，贷款抵押物因火灾损失而产权所有人又未对其投保等，也会给商业银行造成突发性损害。

鉴于上述特点，商业银行的风险控制必须满足系统性、动态性和超前性要求。没有系统性的风险控制和没有风险控制，这两者其实并没有很大差别。一家银行的倒闭，往往不是因为很多方面出现问题，一两宗灾难性的事件，一两个环节出错，甚至一名员工的失控，足以置一家大银行于死地，巴林银行的倒闭即是例证。因此，严密无缝、在时间上和空间上覆盖所有的经营环节和业务流程，即系统性，是商业银行风险控制必须满足的第一个要求。墨守成规，试图以不变的方法、策略、制度去应对形式和内涵不断变化的经营风险，是十分危险的。只有不断研究银行的经营环境、客户及银行自身的新情况，针对各类风险因素的新变化采取新的对策，以变制变，以不断发展的策略和方法动态地去控制风险，才能使银行在不断变化的经营环境中获得“动态的”安全保障。经营风险转化为实际危害的突发性，则要求商业银行对可能爆发的危机要有预见性，要事前采取防范措施，并制订危机处理的预备方案，这样才能有备无患，即使危机发生也能从容应对，将其造成的损害控制在能够承受的范围之内。风险是否由潜在的危险转化为实际的损害，取决于对风险进行控制的有效性。

智能时代商业银行业务的迅速变化与发展，使银行各种风险的潜在因素突增。无论从哪个层面或角度去认识银行风险，它作为一个金融范畴都有如下特征（见图1－5）。

第一，客观性。只要有银行业务活动存在，银行风险总是不以人们意志为转移的必然存在。因而，金融不可能无风险。

第二，可控性。尽管银行风险是客观存在的，但是银行风险是可控的。所谓银行风险的可控性，是指市场金融主体依一定的方法和制度对银行风险进行事前识别和预测、事中防范和事后化解。正

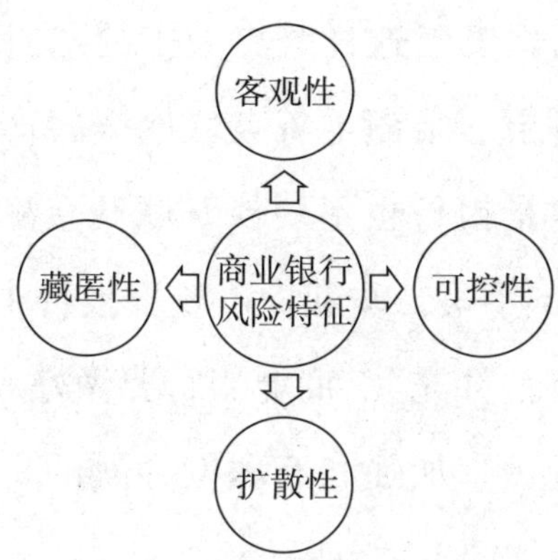

图1－5　商业银行风险特征

是因为银行风险是可控的，才使加强金融监管、健全现代金融法律制度具有现实意义。

第三，扩散性。银行风险不同于经济领域里其他行业风险的最显著的特征是，银行机构的风险损失和失败，不仅影响其自身的生存和发展，更会导致众多的储蓄者和投资者的损失和失败。这就是银行风险的扩散性。它不仅对原始存款和初始投资具有广泛的影响，还具有扩散效应。

第四，藏匿性。银行风险往往不是在爆发金融危机或存款支付危机时表现出来的，其信用特点、金融垄断和行政干预等原因可能会掩盖金融不确定性损失的实质，使人们被它的表面属性所蒙蔽。

银行风险管理的策略

智能时代，银行想要做好风险管理，不仅要做好行业内的风险管控，还要应对像阿里巴巴这样跨界而来的“打劫者”给银行业带来的风险。虽然支付宝、余额宝等互联网金融产品给银行的业务带来了一定的影响，但是银行也不要谈互联网金融产品就色变。中国人民银行总行在2013年第二季度货币政策报告中，将互联网金融定位为“金融体系的有益补充”。商业银行要做好风险管理，就要找准自身的定位，扬长避短，加强和互联网金融的良性互动，实现优势互补，具体管理策略如图1－6所示。

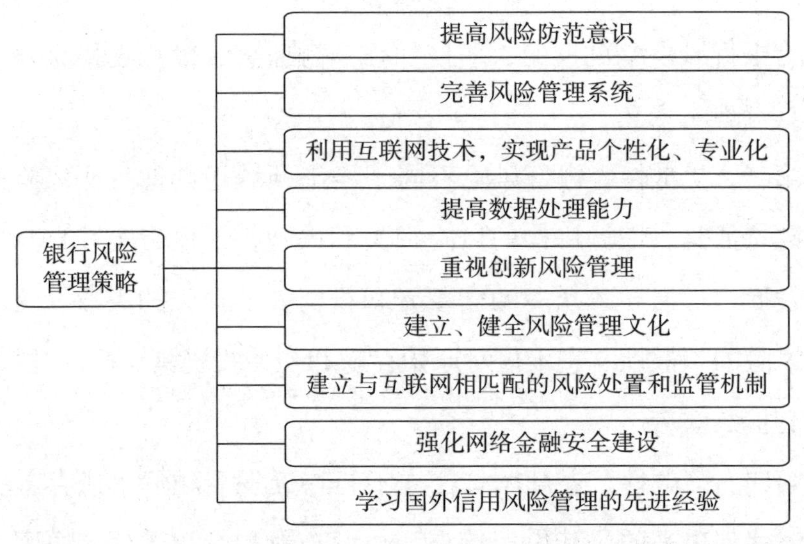

图1－6　银行风险管理策略

1. 提高风险防范意识

我国银行企业经济利益的损失，大多是管理人员和工作人员缺少相关的风险防范意识导致的。企业要想实现可持续发展，就需要不断加强和培养员工的风险意识，重点培养银行的管理人员。管理人员的风险意识对银行全体工作人员的影响是巨大的，优秀的管理人员会起到榜样的作用。此外，企业还需要加强对员工风险防范意识的培训，传播风险防范的技能并创造风险防范的学习氛围。只有这样，才能在银行发展的过程中及时地发现风险，从而预防风险的产生。

将互联网知识和金融知识充分结合，针对目标群体，探索多样化的教育模式。充分利用电视、报纸、广播、网络等各种手段，开展宣传互联网金融消费的教育活动，普及网络金融安全知识，树立风险观念和安全意识，了解各种保密安全工具和手段，提升辨别能力和自我保护能力。例如，余额宝本质上是一个基金直销产品，是天弘基金管理有限公司把其发行的增利宝嵌入支付宝的余额宝进行的直销。但并非所有支付宝用户都知晓余额宝的实质是投资而不是存款的事实，即便货币基金的风险较低，仍存在风险。

2. 完善风险管理系统

首先，需要建立相应的风险管理系统，并对之不断地进行完善。银行各个部门和员工的责任需要明确，在银行的快速发展过程中，风险管理体系起着较大的作用，只有不断完善风险管理体系，才能促进银行的稳定、快速发展。其次，需要建立风险评估体系并对之不断进行完善，在风险还未发生之前对风险进行分析和预防，加强评估风险的能力。最后，要建立相应的监督管理体系，完善对风险的监管，并加强监管的力度。将从业人员的利益与信贷风险相结合，将信贷风险与工作人员的责任相统一，有效地规避信贷风险。良好的风险管理系统，也能够帮助银行有效控制风险。

3. 利用互联网技术，实现产品个性化、专业化

商业银行要全面认识互联网技术变革带来的影响，要将互联网业务当作核心业务而非增值业务，要注重传统金融业务与互联网技术的融合以及优势互补，以便捷化和客户自定义为方向构建产品体系，实现稳定客户和服务客户，真正从以银行为中心向以客户为中心转型。切实做到以客户为中心，以市场为导向，建立系统的、事前的客户体验指数，增强与客户无缝隙接触，加强客户参与和体验，提升客户的体验和交易活跃度；紧跟时代步伐、紧贴生活变化，洞察并引领客户的需求，依托数据挖掘和信息平台，借助银行自身优势，突破传统经营模式，满足客户的个性化、专业化需求；重塑业务流程，精简业务，高效配置资源，提升客户体验，为客户提供灵活多样的产品和便利快捷的服务，摆脱单纯的支付、资金中介工具的角色，实现与客户之间的开放交互式接触，及时高效地满足客户需求。

4. 提高数据处理能力

银行业数据处理能力不过关，会给银行带来很大的麻烦。银行业要想跟上时代变化，就要去适应、应对大数据时代。例如，银行可以开放客户信息和交易数据，与海关、工商、税务等部门共享、互换数据，完善银行自身的数据库；增加与互联网金融的数据处理交流合作，充分利用各自的数据优势，做好数据收集和积累。同时，学习大数据、云计算等新兴信息技术，为银行进一步洞察客户、预测市场提供可能；保护数据，保护客户个人信息，加强自律，严格

遵守法律法规，坚持自己的职业操守。

5. 重视创新风险管理

银行的发展离不开创新。针对风险管理方式的创新，更需要得到银行高层管理者的重视，这样才有利于银行更好地控制风险。一般在进行风险管理的时候，需要了解风险管理的构成：其一是流动风险；其二是信用风险；其三是操作风险。银行在开展创新管理的时候，一方面，要考察管理人员是否具备战略性眼光，这有利于及时发现银行在发展过程中存在的战略不足，同时管理人员的发展目标要足够长远，不能够只局限于短期的利益，只有立足长远，才能推动银行实现可持续的发展目标；另一方面，银行内的工作人员必须要具备相应的协调能力，在工作中面临风险时，银行内部的工作人员必须要冷静，共同努力来控制风险，这对于银行的发展是十分重要的。因此，银行需要对自身的风险管理方式进行不断创新，提高风险控制能力。

6. 建立、健全风险管理文化

优秀的企业文化是提升员工向心力和凝聚力的基础，也是银行发展的主要动力。银行工作人员要有饱满的工作热情，找到自己的归属感，只有这样才能够推动银行快速发展、防范风险。因此，银行需要建立、健全风险管理文化，完善各项规章制度，保证员工按章操作、合规守纪，对法规有敬畏之心。这样才能保障银行这艘巨轮乘风破浪、扬帆远航。

7. 建立与互联网相匹配的风险处置和监管机制

银行要建立与互联网相匹配的风险处置和监管机制。首先，要对互联网金融业务的范围、禁止性行为、违规处罚、退出机制等进行规范。其次，组建互联网金融监管机构，明确互联网金融监管主体，进行适度、实时的监管，既扶持创新又确保监管到位，为互联网金融的健康发展提供制度保障。最后，推进互联网金融实名制建设，对互联网金融参与主体市场准入实行注册登记管理，对参与者实行实名制，加强互联网金融生态环境建设，且向公众公开，接受大众监督。也就是说，尽管互联网金融业务越来越虚拟化、无纸化，但是，通过对业务主体的监督管理，就可以更好地实现对互联网金融的风险控制。

8. 强化网络金融安全建设

银行要利用互联网，通过技术改造、提升和重塑业务经营理念，将银行核心业务与互联网技术进行深度整合，使“技术先行”的优势真正转化为银行的核心竞争力。淘宝（中国）软件有限公司的核心技术平台早在2004年就已基本成形，经过多年的积累，创新了物流联动、定向营销等一系列策略，直到2009年才实现盈利。同时，构建更加人性化的计算机网络安全体系。进一步加强信息安全保障，设立数据备份中心和网络金融风险预警机制，实行技术规范化、标准化，确定网络金融安全标准，最大限度地降低系统技术风险，确保网络金融安全。

9. 学习国外信用风险管理的先进经验

我国银行业要学习国外信用风险管理的先进经验，提高商业银行防范和控制信用风险的能力。

第一，要培育和发展信用评级中介机构。该机构应符合客观性、独立性、可信性和透明性的标准，并逐步将其造就成类似标准普尔、穆迪公司这样具有国际性的权威信用评级机构，解决社会经济交往中信息不对称的问题，增强市场约束。

第二，要大力提高我国商业银行信用风险量化衡量技术。我国商业银行应在贷款五级分类的最低标准上，尽快建立和完善内部信用评级系统，并逐步开发信用风险衡量模型。对于具备条件的大银行，首先，应建立起信用风险的历史数据库，为今后建立内部评级系统提供经验数据；其次，应逐步过渡到内部信用评级系统；最后，要完善评级体系的操作设计，包括评级的组织体系、职责划分、操作流程等，增强评级的准确性和一致性。

第三，要加强商业银行信用组合风险管理。银行可以采取一些方法来降低集中性风险，这些方法包括采用参与贷款、贷款出售或资产证券化等，减少对某一经济部门或某一组借款人的过分依赖，通过信用衍生工具，在不改变客户关系的基础上将信用风险转移出去。

以上是银行实践活动中常用的风险管理策略。其实，做好银行的风险管理，不限于这些方法，银行可以根据自己的实际情况，找到一些适合自己的有利于规避风险的方法。

银行风险管理有何意义

风险管理是智能时代银行管理的一个重要课题，由于银行业务的特殊性，银行风险管理与其他行业的风险管理大不相同。互联网技术不断发展，对银行风险管理提出了新的要求，因此，银行风险管理也要跟上时代的发展，不断进行改进和提高。

随着我国商业银行改革开放进程的加快，银行业将越来越多地融入全球金融市场中，并积极借鉴国际大银行的先进风险管理技术和方法，不断完善风险管理，实现风险管理现代化，这是大势所趋，也是银行风险管理发展的必然规律。但是，由于我国商业银行风险具有传统性，以及风险管理制度、数据和人才等基础条件的限制，不少现代风险管理方法和技术一时还用不上。因此，实现我国商业银行风险管理现代化的基本思路和原则应该是：通盘考虑，分步实施，循序渐进；积极创造条件，局部突破，加快进程，缩短与西方发达国家银行风险管理水平的差距。做好银行风险管理是银行生产发展的根本，其意义有以下几点（见图1－7）。

1. 良好的风险管理是商业银行持续稳定发展的基础

银行经营的特殊性决定了其本质是承担和管理风险。造成银行风险的因素有很多。银行风险存在隐蔽性，其暴露具有滞后性。银行控制风险也带有短期利益的牺牲性。

图1－7 银行风险管理的意义

银行只有重视风险管理，才能树立长期稳健的经营理念。良好的风险管理是商业银行持续稳定发展的基础。由于银行风险管理具有短期利益的牺牲性，因此风险控制与追求短期利益具有矛盾性。有些银行的管理者为了个人利益，片面追求规模扩张，过度追求短期收益，无视风险控制，实际上，这样的短期收益背后隐藏着巨大的风险。

风险管理是正确定价银行产品和全面管理成本的基础。商业银行的成本不仅包括运营成本，还包括风险成本。商业银行持续健康发展的前提是获取稳定收益，稳定收益取得的基础是实现全面管理成本和正确定价银行产品，它们之间是辩证统一的。银行风险的暴露具有滞后性，因此加强风险管理必须具有较强的风险识别、评估和控制能力。否则，一旦风险暴露，由于事前没有进行有效的风险成本管理和恰当的产品定价，很可能给银行带来灾难性的后果。反之，若当初进行产品定价时，充分考虑风险状况，销售价格合理，获取的收益可以有效覆盖风险。

银行做好风险管理能够提升核心竞争力。很多银行管理者认为，银行的核心竞争力是产品、服务。实际上，在未来银行业的竞争中，获胜的是那些拥有强大风险管理能力的银行。风险对于商业银行来说就是机遇和利润来源。如果一家银行善于经营和管理风险。通过自身强大的风险管理能力，完全可以将风险转化为收益。相反，风险管理能力差的银行，只能躲避风险，同时就丧失了发展机会。另外，按照《巴塞尔新资本协议》的要求，商业银行持续经营必须满足 8% 的资本充足率。这意味着商业银行每拥有 8 元资本金，可以从事 100 元的资产业务，前提是不能有不良资产。在这一条件约束下，风险管理水平高的银行将获得更大的发展机会，也就具有更大的竞争能力。

2. 良好的风险管理是银行持续健康发展的保障

银行风险管理是银行的生命线，持续健康发展是银行的终极目标。我国商业银行要想做到持续健康发展，就要有先进的管理体制和组织架构，这也是实施风险管理的必要条件。

实践证明风险与收益并存，并且成正比关系，有多大的收益就有多大的风险。所以，银行为了实现收益，就必须做好承担风险的准备。不是所有风险都能够规避的，因此，银行要想降低风险损失，就要做好风险管理。只有做好风险管理，银行才能实现预期的收益，促进自身健康发展。

良好的风险管理是银行持续健康发展的保障，要做好银行的风险管理，银行内部必须确定协调、一致的管理体制。银行的风险管理体制与绩效考核体制密切相关，二者不可分割。银行要想建立有效的风险管理体制，就要有相应的绩效考核体制，通过绩效考核体制反映、贯彻风险管理体制。但是，绩效考核的作用是短期的，它反映的是一个时间段内的员工工作情况。而银行持续健康发展是一个长期的目标，银行要发展就要规避风险，因此银行的风险管理工作是一项长期的工作。银行风险管理体制的一些内容要通过绩效考核体制体现出来，否则会给银行带来一些风险隐患，这会在很大程度上损害银行的持续健康发展。

银行做好风险管理是为了获得更大的利润，促进银行的长期发展。银行获得的收益又可以作为改善银行风险管理的资金，为良好的风险管理提供支撑。银行的风险管理可以分为主动管理和被动管理两大类。风险分散、转嫁等事前的风险防范措施属于银行风险主动管理范畴；风险抑制、补偿等事后风险管理策略属于银行风险被动管理范畴。无论是哪种类型的风险管理，都需要资金投入，没有资金做支撑，银行的风险管理就是无稽之谈。

3. 良好的风险管理是完善银行体制改革的重要内容

银行商业化改革的内容可分为两个层次。一是银行经营体制的改革，二是银行组织体制的改革。深化银行经营体制改革的关键，是银行内部经营和管理体制的彻底转轨，是银行能够真正按照国际惯例和市场经济的内在规律去运作，按照商业银行的内在本质和要求实施经营和管理。二级银行体制的确立，政策性与经营性业务的分离，信用合作银行的改组以及银行股份制的改革等已初见成效，并为银行经营体制的改革和完善提供了基础、创造了条件。从本质上讲，两个层次的改革，无论是从宏观上还是从微观上，都可以归纳为管理体系和管理方法的改革。实际上，改革越是深化，管理越要加强。因而从某种意义上讲，管理也是改革，管理的方式、方法和内容都要随着经济和金融的发展而不断改革和完善。例如，我国银行信贷资金管理体制如果仍然沿袭统存统贷、统包供给的管理模式，专业银行就不可能成为自主经营、自负盈亏的经营实体。同理，银行信贷资产管理如果不注重风险管理，仍然是企业要多少银行就贷多少，企业什么时候要银行就什么时候贷，贷款方式仍然采用单一的信用贷款，信贷资产的质量就永远不会提高；再如，农业银行如果将其业务经营的内容仍然严格地限制在为国内乡镇企业和以农业为主的生产单位提供贷款的传统范围内，而不能在不违反分业管理的前提下允许其适当经营城市业务，它就永远跳不出专业银行的条框。所以，银行实行信贷资产风险管理适应了银行商业化改革的要求，是完善银行体制改革的重要内容。

4. 良好的风险管理是加强信贷管理的核心和关键

银行信贷管理的内容可以分为负债管理、结算（或称表外业务）管理和资产管理三大部分。负债管理是信贷管理的基础，银行没有充足的资金来源，就不可能扩大资产营运的规模。同理，没有不断扩大的结算管理，银行也会失去广大的客户，进而失去充足的负债来源。但是，信贷管理的核心仍然是资产管理。没有资产规模的不断扩大，银行就会失去经营利润的主要来源；而资产管理的关键则是风险的管理，如果信贷资产风险四伏、质量低劣、大量沉淀和出现损失，即使规模扩大，银行经营目标仍然难以实现，银行的商业化改革仍然难以成功。所以说，实行信贷资产风险管理，是银行加强信贷管理的核心和关键。

5. 良好的风险管理是完善中央银行宏观调控的基础

完善的金融管理应该包括中央银行的宏观金融调控和商业银行的微观自我约束，而且，后者是前者发挥作用的基础。多年来，中央银行的总量控制、限额管理型的单方面侧重调控贷款规模的直接调控方法，始终没有达到理想的调控效果。这些问题的根本原因就在于，各专业银行没有真正建立起自我约束、自求平衡的自律机制，中央银行宏观调控的效应失去了稳定的基础。从实质上看，专业银行实行信贷资产风险管理，正是遵照中国人民银行颁布的《商业性银行资产负债比例管理办法》，按照贷款风险程度的高低决定贷与不贷、贷多贷少、收与不收、收迟收早的一种自主经营、自担风险、自求平衡、自我约束的管理机制，中央银行再辅之以必要的宏观监测与调控，宏观金融管理就能够达到理想的效果。所以说，专业银行实行信贷资产风险管理是完善宏观调控的基础。

6. 良好的风险管理是实现信贷经营管理与国际接轨的有效途径

随着我国经济改革和开放的进一步深入发展，国际间的经济往来日益增多，国际结算业务亦会随之扩大，国际间的金融竞争与合作愈显重要。按照《巴塞尔新资本协议》的规定，世界各国金融机制的资本充足比率（资本/权重风险资产）要达到8%，如果达不到此标准，银行的国际金融竞争能力就会下降，国际信誉就会受到影响，发展国际结算业务和进行国际间的融资就会遭受到一定的阻力。为此，西方各国商业银行都致力于提高资本份额，降低权重风险资产额度，以提高资本充足比率。我国各专业银行的资本充足比率平均仅为6%左右，要在近几年内达到国际规范化标准，在银行核心资本受经济增长制约而难以短期内增加的情况下，努力降低贷款风险程度，进而减少资本充足比率的分母部分，即降低权重风险资产额，以此提高资本充足比率。这是极佳途径。

7. 良好的风险管理是提高银行竞争力的有效方法

银行信贷资产风险管理是按控制论和系统工程原理设立的一个制约系统，它可以有效避免就事论事和就人论事的弊端，使信贷管理进入体制制约的高层次。无论贷款的人和办理贷款的工作人员是谁，都毫无例外地进入风险管理的体制制约轨道。在这个轨道中，每个岗位都有各自的职责“硬件”，衡量每个硬件的质量都统一用风险权重和风险程度的标准。各个岗位之间相互制约，能有效防止“一人说了算”和“以贷谋私”的现象发生。同时，每笔贷款的风险权重和风险度计算都囊括了产生风险可能性的诸因素，有目的地调整各因素的得分标准，就起到了调整信贷结构的作用。例如，信贷要向大型企业倾斜，适当限制中小型和个体企业发展，在评定企业的信用等级标准中，就可加大企业经济实力比重、减少小型个体企业的得分标准，使贷款结构相应得到调整。通过贷款结构的优化，使贷款质量不断提高，信贷资金实现良性循环，银行的竞争能力也会日益增强。

第二章

银行风险管理体系的构建

智能时代的银行治理

由于银行业的特殊性，银行治理与普通企业的治理存在着明显的不同之处。智能时代的银行治理与其他企业的治理相比更具有特殊性。做好银行的治理工作，首先要了解银行经营的特殊性、银行治理工作的核心，然后才能明确完善银行治理。

1. 银行经营的风险性

银行的业务决定了银行经营具有明显的风险性，这种风险来自借款人之间的信息不对称。由于银行的收入主要来自贷款，而贷款又有风险性，如在贷款完全偿还之前银行的收益具有不确定性。

银行业务的特殊性是银行治理特殊性的主要原因。为降低银行业的风险，监管机构规定了银行的资本充足比率并采取其他手段实施银行外部治理。

2. 政府监管的特殊性

银行在国民经济发展中具有重要的作用，再加上其特殊的风险性，我国政府对银行业的监管力度要大于其他行业。根据监管目的的不同，监管手段也存在着差别。一般来说，政府较常使用的监管措施有资本监管、信息披露要求、存款保险等。

政府对银行的监管是最为重要的外部治理手段，对银行经营产生了重要的影响。资本监管、信息披露要求降低了信息不对称程度，加强了股东和管理者的约束作用。存款保险制度保护了银行存款人的利益。但是，政府的监管并不是解决银行管理中所有问题的良药。政府的监管无法保证银行的有效治理，不同监管机制的有效配合，以及外部治理与内部治理机制的相互适应，才是解决银行治理问题的根本方法。

3. 银行治理工作的核心是风险管理

银行治理的目的是解决在信息不对称条件下所有权与经营权分离导致的代理问题，促进银行治理目标的最大实现。在银行业，这种代理问题具体表现为包括存款人在内的利益相关者与银行管理者，以及银行与借款人之间的信息不对称问题。

利益相关者与管理者之间的信息不对称问题在其他行业也普遍存在，但在这方面的治理，银行有其特殊性。银行的收入主要源于发放贷款收入的利息与存款人利息支付间的差额。贷款的发放是风险管理的过程，就像解决通常的委托代理问题一样，贷款经营要解决事前的逆向选择、事中的道德风险，还涉及事后的验证等问题。

解决银行与借款人之间的信息不对称问题是银行经营管理的重

点，这种不对称问题被称为银行风险管理。这种问题通常被认为是银行管理层的问题，但事实上如何看待和管理这种风险会对银行的健康发展产生根本性影响，因此是治理层面的关键问题。对于生产性企业来说，产品的质量和客户需求程度能够通过产品价格直接反映出来。但是作为银行产品的贷款，存在着真实价格的滞后性。合同利率和合同未结束前的利息偿还情况并不能反映贷款的真实价格，真实价格只有在贷款合同结束之后才真正确定。信息不对称存在于贷款合同执行的整个过程，因此银行缺乏有效的产品市场治理，与之替代的机制是银行的风险管理，风险管理能够提高贷款的质量，提高利益相关者对银行产品的准确把握程度。因此，就像产品市场的竞争结果决定了企业的成败一样，风险管理水平是影响银行治理的决定性因素。

4. 科学决策是完善商业银行治理的核心

为了建立现代商业银行制度，商业银行应该先建立规范的治理结构。但治理结构远不能解决公司治理的所有问题。有效的公司治理不仅需要一套完备的公司治理结构，更需要具体的超越结构的治理。公司的有效运行不仅需要通过股东大会、董事会、监事会和经理层发挥作用的内部监控机制，而且需要一系列通过证券市场、金融市场和人才市场来发挥作用的外部治理机制。公司治理并不是为了制衡利益相关者之间的关系，也就是说，公司治理并不是为了制衡而制衡，制衡并不是保证各方利益最大化的最有效的途径。公司治理的核心是建立一套完善的治理机制，而治理机制的关键正是机制的有效性。衡量一个治理制度或治理机制的标准应该是如何使公司最有效地运行，如何保证利益相关者的利益得到维护和满足。因此，科学的公司决策不仅是公司的核心，也是商业银行治理的核心。商业银行各方的利益都体现在银行实体之中，只有理顺各方面的权责关系，才能保证银行有效运行，而银行有效运行的前提是科学决策。

科学决策，是指决策者按科学的程序、依据科学的理论、用科学的方法进行决策。科学决策有一套严密程序：先进行大量的调查、分析、预测工作，做出可行性研究报告，确定各种备选的经营方案，再经过集体决策，从可行性、满意度和可能后果等多方面分析和权衡各备选的经营方案，从中选择最优或最满意的经营方案。在整个决策过程中，使用现代化的决策技术，如运筹学、结构分析、计算机模拟等；有时还借助现代化的决策工具，如电子数据处理系统、管理信息系统、决策与支持系统等。

商业银行决策是为银行确定经营方向、经营目标、经营方针及经营方案。商业银行经营的成功首先取决于正确的决策，没有正确的决策，管理就没有基础，更不能进行有效的管理，银行经营必然归于失败。因此，在银行决策前，必须进行详细的可行性研究，为决策提供充分的依据。在商业银行决策过程中，必须在充分的论证的基础上，形成科学的决策。事实也证明，只有科学的决策才能真正为银行减少经营风险：如果仅凭个人经验进行决策，势必加大金融风险，甚至导致银行破产。

5. 有效的内控机制是商业银行完善治理的根本保障

目前，商业银行在内部控制方面存在的主要问题如下。

一是全员风险管理意识不强。对内部风险管理的理解比较不全面，对风险种类、风险管理层次、风险管理环节等方面缺乏系统性、全方位的风险防范意识，没有真正树立“质量是银行的生命，效益是生命的价值”的观念，没有把风险防范提高到事关全行生存与发展的大局上来认识，均会导致风险的失控。

二是组织机构和人员配备不能满足风险与内控管理的要求，并缺乏独立性和权威性，对内部控制的权力制约机制尚未真正形成。横向机构设置过细，部门之间信息阻塞或漏损，缺乏连贯的监管方式。

三是重业务创新，轻“内控优先”。“内控优先”的理念没有真正落到实处，常常是一项新业务品种一上市，总是先忙于开拓市场、后规范操作行为，一旦出现了问题或发现了风险，就赶紧制定一项规章制度，这纯粹是一种“亡羊补牢”式的被动管理行为。

四是约束、惩处机制相对不力，银行风险资产比例偏高。由于产权制度的缺陷，国有商业银行始终未能形成明晰的责权利关系，从根本上说，银行管理层缺乏降低金融风险的动力，目前商业银行尚未建立起各层级的信贷风险防范责任制，对现有的风险资产也没有明确的惩罚制度。

规范的银行治理结构是建立有效的内部控制机制的前提条件；

反过来，有效的内控机制的建立，又进一步促进了银行治理结构的完善，是完善银行治理的根本保障。建立有效的内控机制的做法如下。

（1）提高全面风险管理意识，创造良好的内控文化氛围。

银行所有员工都要转变观念，提高对风险的认识水平，牢固树立科学的、适应现代商业银行发展要求的经营理念，高度重视内控文化建设，自觉地运用金融法规和内控制度约束自己的行为。

（2）改善内部控制的组织结构，提升内部审计部门的地位，从组织机构上加强和保证内部控制的有效运作。

内部审计委员会应隶属董事会领导，直接对董事会负责，大力增强内部控制的权威性。

（3）强化“内控优先”原则。

在金融创新过程中，先要建立相关的规则，对银行发展当中存在的风险进行计量、评估，提出防范风险的有效措施。形成涵盖各项业务活动的全面、系统、适度的风险管理体系。对不断变化的环境和条件做出及时的反应，对内控机制及时加以调整和修正，使之与业务发展相适应。

（4）健全和落实内控责任制，防范和化解体制性金融风险。

智能时代，商业银行面临的金融风险主要是体制性的，防范和化解这种风险必须对症下药，即改革的核心在于制度层面，其突破口在于产权制度创新，即建立规范的银行治理结构和内控责任制，使银行经营活动真正受到排他性的财产所有权约束，建立银行自身的风险防范化解机制。

全面风险管理的内涵

银行业的风险管理，并不是随着互联网的发展所产生和发展起来的，而是由来已久。追溯银行业的风险管理历史可以发现，20 世纪 60 年代以前，国际银行业风险管理的原则是“只做好贷款”，强调保持资产的流动性，通过加强资信评估、项目调查、严格审批制度、减少信用放款等各种措施与手段来减少和防范银行资产业务风险的发生。20 世纪 60 年代以后，商业银行被动负债方式向主动负债方式的转变、负债规模的扩大，极大地加大了银行经营的不确定性，商业银行风险管理的重点转向负债风险管理。20 世纪 70 年代末，布雷顿森林体系崩溃，汇率和利率的波动性急剧上升，市场竞争日趋激烈，单一的资产风险管理模式和单一的负债风险管理模式已不能保证银行安全性、流动性和盈利的均衡。于是，风险管理发展到资产负债风险管理阶段。

银行资产负债风险管理强调对资产业务、负债业务风险的协调管理，通过资产结构、负债结构的共同调整，偿还期对称，经营目标互相替代和资产分散等方式实现总量平衡和风险控制。20 世纪 80 年代以后，随着一些银行的上市，投资者不仅关心资产回报率，更关心权益回报率，风险管理开始强调“净资产收益率（ROE）是目标”。同时，随着银行业竞争的加剧、存贷利差的变窄，出现了监管资本套利现象，美国大量储蓄和贷款机构因此大量倒闭，催生了

1988 年《巴塞尔资本协议》，国际银行业开始了资本充足性管理的理论和实践。随着利率市场化进程和衍生金融工具交易的迅猛增长，银行面临的市场风险日益增大，亚洲金融危机、巴林银行及大和银行倒闭等一系列危机都进一步表明，损失不再是由单一风险造成，而是由信用风险和市场风险等多种风险因素交织造成。因此，1996 年《巴塞尔资本协议》对市场风险进行了补充，风险管理要求银行“对风险进行定价”，以提高风险识别和规避能力。随着马克维茨的资产组合理论在银行业的应用，国际银行业能“像管理投资组合一样管理贷款”，这对银行风险管理能力和技术水平提出了新的要求。

现在业界比较一致的观点是，商业银行全面风险管理是由若干风险管理要素组成的一个有机体系，这个体系可以将风险和收益、风险偏好和风险策略紧密结合起来，增强风险应对能力，尽量减小操作失误和因此造成的损失；可以准确判断和管理交叉风险，提高对多种风险的整体反应能力；还能根据风险科学地分配经济资本，抓住商业机会，确保银行各项业务持续健康发展。具体而言，我们可以从以下几个方面理解银行全面风险管理（见图 2－1）。

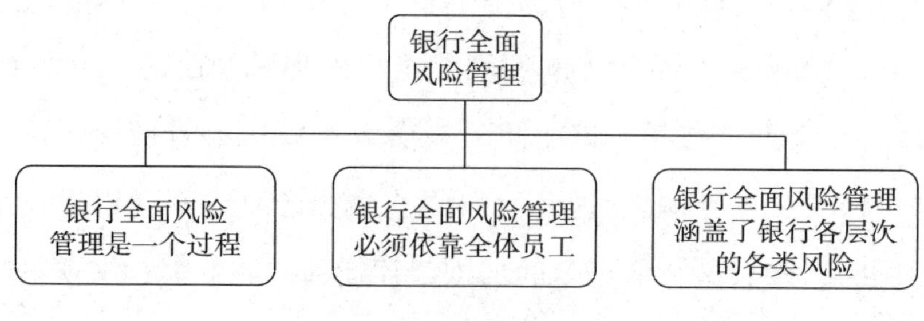

图 2－1 银行全面风险管理

1. 银行全面风险管理是一个过程

风险管理不是一个独立的管理活动，也不是银行新增加的一项管理活动。它是渗透到银行经营管理活动中的一系列行为，内生于银行各项经营管理的流程之中。风险管理本身也有输入和输出的要素，具有规范的管理流程。

2. 银行全面风险管理必须依靠全体员工

全面风险管理不仅意味着大量的风险管理政策、报告和规章，而且包含了银行各个层面员工的“知”和“行”。正是银行的董事会、管理层以及员工决定了风险管理文化、风险偏好、风险管理目标和政策，风险管理流程也必须依靠全体员工才能运行，强调全员风险管理至关重要。

3. 银行全面风险管理涵盖了银行各层次的各类风险

根据《巴塞尔新资本协议》的划分，银行的各类业务风险都可以归结为信用风险、市场风险和操作风险三类。银行的全面风险，就是指由银行不同部门（或客户、产品）与不同风险类别（信用风险、市场风险、操作风险）组成的“银行业务风险矩阵”中涵盖的各种风险。全面风险管理就是要对所有影响银行目标的风险进行系统识别、评估、报告和处置，它必须考虑银行所有层面的活动，从总行层面的战略规划和资源分配到各业务单元的市场和产品管理，风险都应得到有效控制。

全面风险管理的意义

随着当前市场形势的不断改变和互联网发展的日新月异，加强对银行风险的管理，对银行业经营有着巨大的意义，同时对银行业今后的发展有着重要的作用。因此，完善银行风险管理体系有着十分重要的意义。

在银行风险管理的实践中，管理者不仅应当加强对银行风险管理基本现状的分析，而且应当研究完善银行风险管理体系，以更好地实现对不良情况的控制，增强银行的盈利能力和工作水准，使员工之间呈现出一种良性的竞争，最终实现管理效益的增强。总的来说，完善银行风险管理体系、加强对银行风险的控制，应当结合当前的现状设计出可行的措施，真正实现利率市场化下银行风险管理的整改。

银行构建全面风险管理体系的现实意义，有如下几点（见图2-2）。

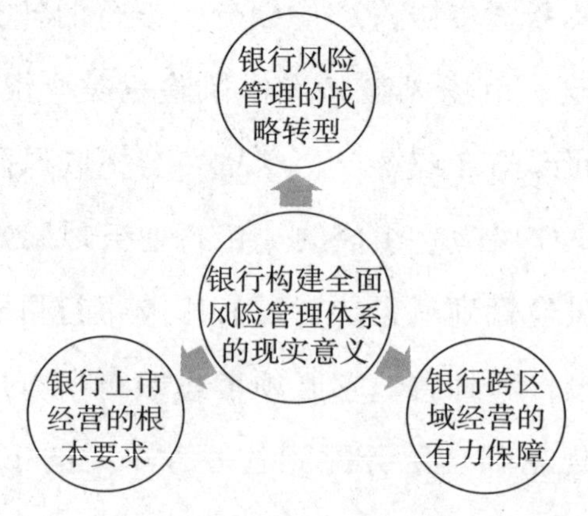

图2-2　银行构建全面风险管理体系的现实意义

1. 全面风险管理是银行风险管理的战略转型

全面风险管理，既是《巴塞尔新资本协议》的要求，也是银行参与市场竞争的应对策略。全面风险管理战略为银行实现长远经营目标规划了蓝图、明确了奋斗方向：充分调动管理层的积极性和创造性，增强银行管理层对外部条件变化的弹性适应，并以此来理顺风险管理体系内外的各种关系，增强风险识别的预见性，把握风险管理的主动权，减少乃至避免经营管理的随意性与盲目性，提高银行在金融市场的核心竞争力。

2. 全面风险管理是银行上市经营的根本要求

改制上市是银行发展的重要战略目标之一。商业银行在改制上市过程中，除满足《中华人民共和国公司法》《中华人民共和国证券法》《中华人民共和国商业银行法》《首次公开发行股票并上市管理办法》等有关法律法规的基本上市条件外，还应满足风险管理方面的相关标准。资产风险指标尤其是不良资产指标，是城市商业银行上市经营的重要监管标准。商业银行应该引入先进管理经验，这会使银行在互联网应用水平、风险内控管理能力、营销能力及经营管理水平等方面都有全方位的提高。目前，不良资产的比重偏高、风险管理水平较低是大多数银行谋求上市经营的一大瓶颈。很多银行的不良资产既有一定的历史因素，又与其风险管理水平息息相关。实施全面风险管理，是银行不断提高风险管理水平、消化不良资产、进入上市辅导期的根本要求。

3. 全面风险管理是银行跨区域经营的有力保障

经营地域的限制对于银行而言，存在诸多弊端。如银行区域规模过小，仅仅定位于本地市场，难以实现长远发展。国际一些银行跨区域发展的成功经验表明，我国银行应当在立足本地市场的同时，迅速提高周边市场的占有率，将盘子做大。根据相关要求，我国很多银行都要巩固跨区域经营的成果，扩大跨区域经营的规模，在加强消化历史不良资产的基础上全面落实风险管理。

全面风险管理体系的构建

有银行业的资深人士认为，商业银行全面风险管理体系应该由相互联系的八个模块组成。这八个模块分别是风险管理环境、风险管理目标与政策设定、风险监测与识别、风险评估、风险定价与处置、内部控制、风险信息处理和报告、后评价和持续改进。各模块具体内容如图 2－3 所示。

1. 风险管理环境

银行全面风险管理的基础是风险管理环境，具体来说，风险管理环境包括银行价值取向、管理风格、风险管理组织结构、风险管理文化等。其中，风险管理文化是全面风险管理的核心，它影响到目标设定、风险识别和评估、风险处置等各个层面的活动；风险管

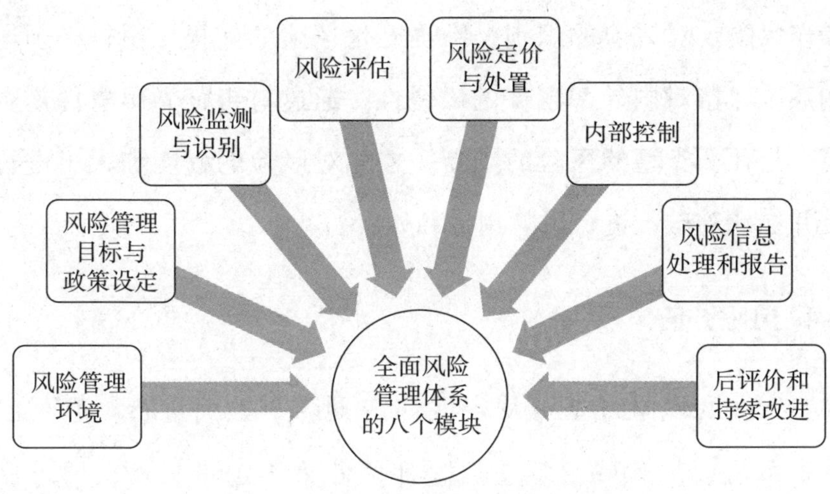

图 2－3　全面风险管理体系的八个模块

理组织结构是全面风险管理得以实施的组织保障和支撑，风险管理职能必须保持一定的独立性。

2. 风险管理目标与政策设定

设定风险管理必须能为银行管理层提供一种设定目标的科学程序，银行要将风险管理的要求贯穿银行各项目标之中，通过选定风险偏好和风险容忍度，制定明确、统一的风险管理政策，包括信用风险管理政策、市场风险管理政策、操作风险管理政策等，以实现风险管理和银行目标的紧密结合。

3. 风险监测与识别

风险监测与识别包括通过贷后管理来监测和识别客户信用风险，跟踪行业状况、金融市场以及监管法规等有关情况来识别市场风险和操作风险。对风险的识别是准确度量风险的前提，银行必须通过监测系统保持对内外部事件的敏锐性。通过对银行做出事件是否是风险、是什么类型的风险的判断，才能对风险的程度和大小进行分析，并在此基础上进行风险预警和处置。

4. 风险评估

银行业的风险评估可从定性和定量两个方面进行，但《巴塞尔新资本协议》颁布之后，风险评估偏重于定量分析，要求尽量使受险程度数据化。在建立信用风险内部评级系统的基础上，银行应采取一种核心度量方法建立市场风险评估系统，并努力将操作风险的内部计量包括进来，建立一体化的风险管理体系，使风险分析的结果能相互比较以利于决策，以便合理地在不同业务间配置经济资本。

5. 风险定价与处置

银行可以通过风险定价与处置来抵御预期风险。对于非预期风险，银行必须通过资本管理来提供保护，对于异常风险银行可采取保险等手段来解决。银行可以通过资产组合管理消除非系统性风险，通过兼并来吸收风险，通过辛迪加贷款[①]来分散风险，通过贷款出售、资产证券化等手段转移风险，通过衍生交易来对冲风险。

---

① 辛迪加贷款又称“银团贷款”，是指由一家或几家银行牵头，若干家商业银行联合向借款人提供资金的贷款形式。

6. 内部控制

银行应建立健全内部控制体系以防范操作风险，通过设计和实施一系列制度、程序和方法，对风险进行事前防范、事中控制、事后监督和纠正，以确保国家法律规定和商业银行内部规章制度的贯彻执行、确保操作的规范性并得到有效的监督。

7. 风险信息处理和报告

在智能时代，银行风险信息的处理和报告，应该通过建立包括信贷信息、操作风险损失、市场风险信息等在内的数据库，并及时更新数据库的信息来解决。银行要运用大数据技术，建立科学、灵敏的风险报告制度，对银行的风险现状进行汇总、分析，对各种风险管理政策的实施效果进行分析，形成定期、不定期综合或专题报告，按照一定程序报送各级风险决策机构；要针对不同类型的风险来区分不同的报告渠道和风险报告的职责分工。

8. 后评价和持续改进

银行风险管理部门应该对全行的规章制度、信贷管理流程、风险管理流程的执行情况进行后评价，并建立相应的授权调整和问责制度，确保风险管理体系的运行。同时，风险管理部门应根据外部环境、监管部门要求以及后评价中发现的问题，对风险管理体系中的有关内容提出调整和完善意见，由银行决策层来对全面风险管理体系进行持续改进。

全面风险管理体系的八个模块既相互独立，又相互联系，还相互制约，它们共同构成了全面风险管理的有机体系。风险管理环境是全面风险管理的平台，风险管理理念和风险偏好决定了风险管理目标和风险管理政策的设定；风险管理目标与政策设定是风险识别、风险评估和风险应对的前提，具体风险管理战略和流程都要实现风险管理的目标、符合风险管理政策的要求；风险监测与识别、风险评估、风险定价与处置是风险管理的具体实施流程，是对风险管理政策的细化和执行；内部控制是风险管理目标实现和风险管理流程有效运行的保障；风险信息处理和报告是保障银行全面实施风险管理的媒介，风险管理的各项活动都要形成风险信息并通过风险报告机制传递；后评价和持续改进是对风险管理体系进行的再控制和再完善，以保持风险管理体系的科学性和适宜性。

结合银行经营目标和组织结构，全面风险管理体系从整体框架上来看有三个维度：第一维度是银行的目标，即战略目标、经营目标、报告目标和合规目标；第二维度是全面风险管理的八个模块；第三维度是银行的各个层级，包括银行整体、各分支机构、各条业务线及所属子公司。全面风险管理体系三个维度的关系是：全面风险管理的八个模块都是为四个目标服务的，银行各个层次都要坚持同样的四个目标，每个层次都必须从以上八个模块进行风险管理。

风险管理机制如何优化

我国商业银行在内部管理机制上偏重于按行政职能设置岗位和薪酬待遇，缺乏创新性工作所需要的机动性和灵活性。而现行管理体制及绩效评价标准偏重于短期激励效应，对员工的个人价值积累不够重视，不利于全面风险管理的深入研究和有效实践。

1. 我国银行风险管理机制存在的问题

（1）没有职权独立的功能性风险经理。

目前，我国商业银行一个风险管理人员可能既要负责审查贷款、管理人员，又要负责制定制度、设计信贷流程、设计模型等多项职能。功能性风险经理的功能性职权，通常叫作技术性职权，也就是确定操作的政策和标准的职权，未能从业务经理的业务职权中分离出来。我国商业银行如果不尽快跨越机构改革阶段和流程标准化阶段，将功能性风险经理从业务经理中解脱出来，就难以培养自己的职能风险专家，全面风险管理的实施将难以得到有效支撑。

（2）没有全面风险管理的平台支撑。

目前，我国商业银行还没有形成完整的全面风险管理平台，很难达到全面风险管理的要求。原因有以下几点：一是实施全面风险管理，银行风险管理流程必须达到标准化的要求（如内部风险计量的结果必须用于风险定价和对业务利润部门的考核），但是目前国有商业银行在总行、分行两个层次还没有清晰、明确的利润承担部门，难以用风险调整资本收益率系统进行绩效评估；二是风险组合管理是信用风险管理的一个重要方面，国有商业银行还没有明确的风险组合管理部门；三是风险内部评级模型必须每年经独立的内部审计部门审查，目前国有商业银行的内部审计部门还没有这项职能。

2. 风险管理机制的优化措施

实施全面风险管理，关键是要按照基于价值的风险管理理念，健全和优化风险管理的关键价值驱动要素，对各个业务层次、各种类型的风险进行综合管理。从全面风险管理体系的八个模块来看，优化风险管理机制应该采取以下措施（见图2－4）。

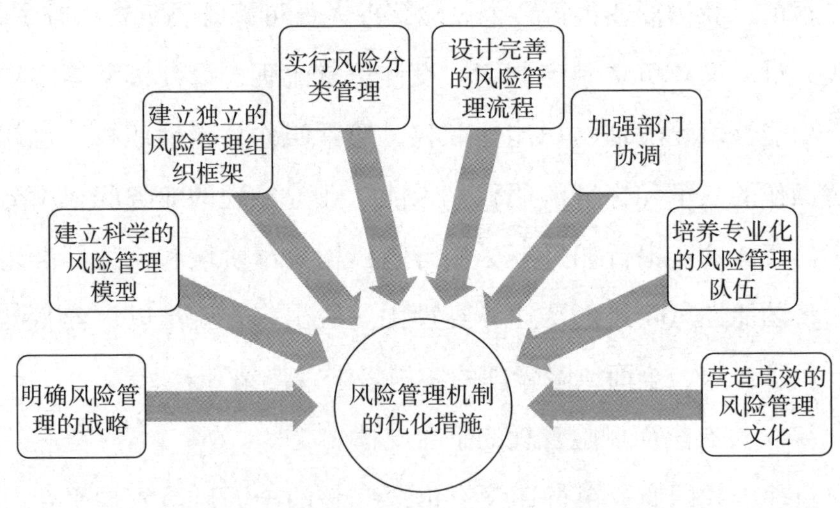

图2－4　风险管理机制的优化措施

（1）明确风险管理的战略。

风险管理战略包括风险管理的目标、风险可承受区间、风险管理的原则。资本金的管理，即估算发展目标、预测经济资本与监管资本的缺口，规划资本的最佳结构并提出筹资方案，确定资金在经济区域、业务主线及不同行业之间的配置，对银行风险管理的长期投入进行规划。

（2）建立科学的风险管理模型。

随着互联网技术的发展，国内商业银行信息技术也有了较大提高，许多商业银行都相继建立了各自的信息处理中心，为风险管理的定量分析提供了条件。商业银行应尽快收集、整理分散在各部门、各机构的历史数据，实现全行业务数据和管理信息的同步集中，建立起综合的数据库。专业的风险管理人员应以综合数据库为基础，借鉴国际先进银行在风险管理方面的经验，用历史数据和结果对先进的风险管理模型进行检测，适时调试参数，形成适应我国国情的风险管理模型。银行运用上述模型，可以分析银行经营管理中的风险敞口，确定资产组合和风险管理产品以供领导决策。只有这样，才能逐步实现风险管理模式由以往的静态、滞后控制，向动态、实时管理的重大转变。

（3）建立独立的风险管理组织框架。

在完善的公司治理结构基础上，银行应建立相互独立的、垂直的风险管理组织框架。董事会是银行风险管理的最高权力和决策机构，下设战略规划委员会、风险审计委员会。战略规划委员会负责起草风险管理战略；风险审计委员会通过常设的风险审计部，负责银行整体风险监测、风险管理效率评价，督促建立完善的风险管理机制和组织体系，对银行中高层管理人员、关键岗位人员的道德风险进行监测。总行行长负责全行的风险管理。总行下设风险管理委员会、资产负债管理委员会、信用审查委员会、风险管理总部以及稽核部。风险管理委员会以董事会的风险管理战略为依据，制定全行的风险管理政策，是全行风险管理的最高协调及议事机构。其下设的资产负债管理委员会负责设定全行资产负债管理的目标和政策。信用审查委员会负责核定全行重大业务的授信及分行行长的授信权限。风险管理总部作为风险管理委员会下设执行机构，负责集中管理全行风险、制订风险管理指引方案及组织实施。稽核部负责所有业务和风险管理的合规性审计。分行是风险控制前站，应实行垂直的风险管理。分行应设立信审主管、财务主管和稽核主管，主管由总行委派并对总行相应的风险管理部门负责；总行向分行派出副行长级的风险管理官，协助分行行长管理风险。支行是业务的拓展和结算服务机构，为控制营业部的会计风险和财务风险，支行的会计经理（营业部主任）由分行委派和考核。

（4）实行风险分类管理。

所有风险均由专门的风险管理部门和专业的风险管理人才进行分类管理和实时监测，以提高银行风险管理的效率。董事会的战略规划委员会负责战略风险控制；风险审计委员会通过风险审计部，负责中高层及关键岗位人员的道德风险控制。总行的资产负债管理委员会通过计划财务部，负责流动性风险控制；信用审查委员会负责重大授信业务的信用风险控制；风险管理总部负责全行风险的集中管理，通过下设的信用审查部负责具体的信用风险控制；资金交易风险控制部负责市场风险控制；法律部负责法律风险控制；信息管理部负责信息技术风险控制；会计管理部负责操作风险控制；稽核部负责全行的合规性审计（包括道德风险、操作风险）及风险监测。分行行长负责所在片区内信用风险、操作风险的控制。

（5）设计完善的风险管理流程。

国内银行应确定新的产品分类方法，在新的业务流程的基础上，全方位地完善风险管理流程，实现业务发展和风险管理同步：逐步做到按产品、地区、业务、主线来识别风险；全面收集、筛选银行的业务和管理数据，运用当前的风险管理技术，对风险进行客观度量；从管理的角度，将风险划分为可控和不可控两大类，并确定相应的产品、地区、业务、主线的风险管理授权；分支机构须在授权范围内，对信用、市场、操作等风险进行控制。对那些已经不再适用的流程，银行应及时进行修改或废除。

（6）加强部门协调。

为保证风险控制的连续性、有效性，银行要确定所有部门和岗位的职责、权限，要从人力资源配置的高度对每一个部门进行定岗、定责、定职、定编、定人，将风险控制责任落实到每一个岗位和人员身上。在此基础上，银行还要注意加强部门之间的协调与合作。在对风险管理和业务经营实施“决策分离、平行作业”的前提下，银行各部门应改进工作作风，加大业务、产品、客户等信息的跨部门横向流动，既要保证风险控制部门的独立性，又要强化风险控制部门之间及其与业务部门之间的沟通与交流，建立起密切的横向协调机制和纵向报告机制，加快业务、产品、客户、政策等风险管理信息的传递，避免因相互推诿而延误风险监测与处理的时机，通过部门的相互配合来提高风险管理效率，促进业务发展。

（7）培养专业化的风险管理队伍。

银行要加大风险管理人才的选拔和培养，以有竞争力的薪酬制度来吸引风险管理的专业人才，强化风险管理人员的分工与协作意识。随着商业银行综合化经营趋势的增强，银行应招聘或培养有证券、保险、信托等多种从业经验的人才，建立高素质、复合型的风险管理队伍，加强对金融交叉产品的风险识别、度量和控制的研究，致力于精干、高效、全面风险管理。鉴于国内银行与国际先进银行在风险管理方面存在差距，对于缺乏相应风险管理专才的关键岗位，国内银行可招聘国外银行的风险管理专家，以加速银行风险管理的进程。

（8）营造高效的风险管理文化。

银行在实现由风险控制向风险管理的转变过程中，除建立完善的组织框架外，应加强全体职工的职业道德教育，强化中高层管理人员尤其是分行行长的风险管理意识和风险控制能力，让其端正经营理念，正确认识业务发展和风险管理之间的关系。银行还应加强业务一线的风险意识和风险识别与控制能力，员工切忌忽视风险进行市场拓展。风险管理人员不能单一地谈风险管理，要在研究市场、研究业务的过程中研究风险及风险管理，树立风险管理理念。在此基础上，银行才能培育与业务发展相协调、相促进的中国银行业的风险管理人才。

第三章

银行主要风险管理

智能时代商业银行的信用风险

智能时代商业银行业的最大风险就是信用风险，它贯穿商业银行经营的全过程，是商业银行所面临的最主要风险。商业银行想做好信用风险管理，首先要弄清楚商业银行信用风险的内涵和特点，其次要了解目前商业银行信用风险管理的现状，最后要找到加强商业银行信用风险管理的有效措施。

1. 商业银行信用风险的内涵和特点

商业银行信用风险的内涵有以下几种观点。指商业银行贷款中的信用风险，即所谓的信贷风险，它是商业银行信用风险的主要形式，也有人认为它是一种狭义的信用风险；指商业银行投资组合中的信用风险，由于商业银行的投资组合不再只限于贷款，各种证券不断地加入它们的投资组合中来，信用风险还包括商业银行进行证券投资，由于证券发行人不能按期还本付息而使商业银行遭受损失的可能性；指商业银行自身的信用风险，也被称为流动性风险，已直接影响整个金融体系的健康和稳定。对我国商业银行而言，信用风险主要是第一层面上的信用风险，即商业银行贷款中的信用风险。

商业银行信用风险特点。商业银行信用风险除了具有金融风险的必然性、广泛性、传递性和隐蔽性等一般特征之外，还具有以下特征。

（1）商业银行信用风险形成的非系统性。

从影响信用风险形成的系统性因素来看，商业银行信用风险的形成主要来自单个企业自身的因素，非系统性风险特征明显。因此，在信用风险管理中，企业需要更多地关注贷款个体的信用质量变化，并运用分散化投资的非系统性风险管理原则来进行信用风险管理。

（2）商业银行信用风险的内生性。

商业银行信用风险的最大特点是内生性，影响交易对象是否违约的主要因素是债务人自身的还款能力和还款意愿。因此，违约风险取决于交易对象的个体特征，商业银行必须及时、深入地了解交易对象的信用状况。

（3）商业银行信用风险概率分布的不对称性。

从信用风险的收益分布曲线形状来看，它并不具有正态分布曲线的对称特征。

2. 商业银行信用风险管理的现状

（1）未形成正确的信用风险管理理念。

目前商业银行依法、合规经营意识还有待提高，部分银行工作人员对信用风险管理的认识不够充分，信用风险管理理念比较陈旧，不能适应新时期高速发展的业务及复杂的风险环境。突出表现为以下几个方面：一是对商业银行发展的眼前利益与长远目标的协调认识不够充分；二是对商业银行的发展与信用风险管理的关系认识不够充分；三是信用风险管理的意识在员工中和银行经营管理的全过程中贯彻得不够充分。

（2）信用风险定量管理手段落后。

与传统的信用风险管理技术不同的是，现代信用风险管理越来越注重定量分析，大量运用数理统计模型和金融工程技术。而我国商业银行对信用风险的管理还没能完全实现制度化和科学化，在信用风险管理的模型应用和管理技术上还有待进一步发展。

（3）基础数据库有待充实，管理结果有待检验。

根据历史数据资料对不同信用级别的实际违约率和损失程度进行统计分析，是检验信用风险管理结果客观性的重要手段。我国部分商业银行开展信用风险管理的时间较短，相关数据积累不足，同时，商业银行在信息披露、管理等方面与发达国家商业银行尚有差距，不少企业的财务资料无从收集，已公开的一些企业的财务数据存在失真现象，由于数据存在质量问题，分析的结果缺乏可信度，无法把先进的信用风险管理技术运用到银行实际的信用风险管理中去。

（4）评级对象不全面，风险揭示不充分。

当前商业银行在进行内部评级时基本方法采用的是简单的打分法，缺乏客观依据。且开展客户评级的时间较短，只对客户进行信用评级，未对贷款进行评级，与管理先进的外国商业银行相比，我国的商业银行不论是在评级方法、评级结果的检验，还是在评级组织结构、基础数据库等方面都存在着差距，这限制了内部评级在揭示和控制风险方面的作用。

（5）尚未建立起健康的社会信用体系。

部分企业财务数据的真实性不高，加上信用评级未完全在贷款决策和贷款定价中起到核心作用，导致信用风险管理中的财务数据不全面、不准确，风险得不到真实反映，信用评级的结果与企业的实际风险等级并不匹配，不能真正反映企业的真实经营状况，给商业银行信用风险的管理带来了巨大困难。

3. 加强商业银行信用风险管理的有效措施

智能时代，银行业可以通过以下措施加强信用风险管理（见图3－1）。

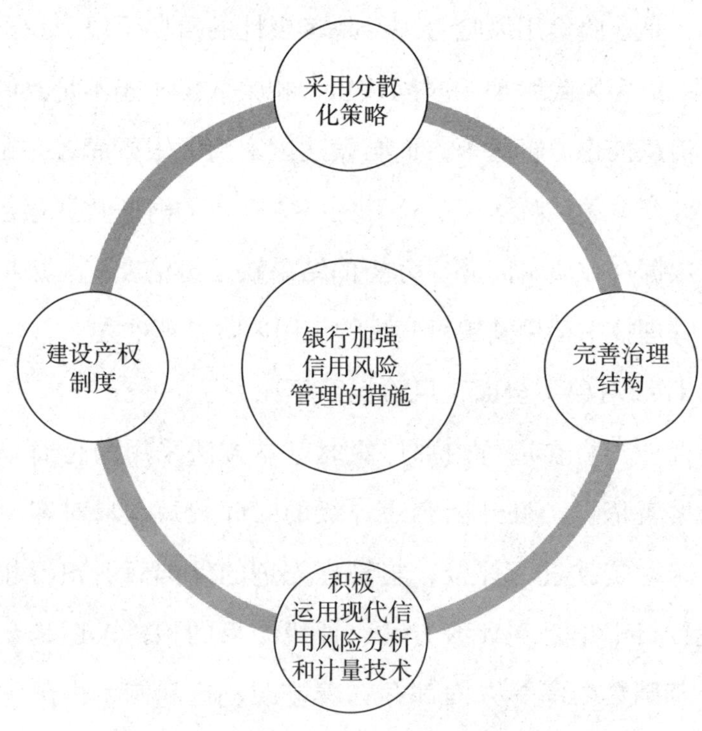

图3－1　银行加强信用风险管理的措施

（1）采用分散化策略。

信贷资产分散化是降低银行信用风险的一个重要策略。许多信贷专家认为，智能时代最有效的信贷管理就是合理安排贷款组合。银行要对各种可能的贷款方式进行详细分类，确保信贷资产分布于各种资产类型。

一般来说，银行信贷资产结构可分为五类：①信贷资产的集中度结构；②信贷资产的区域结构；③信贷资产的企业结构；④信贷资产的产业结构；⑤信贷资产的币种结构。

银行必须清楚地了解影响银行贷款组合的各种风险因素，从而按照事先确定的风险度把握银行整体风险水平，这样才能利用分散化策略做好银行风险管理。

（2）完善治理结构。

公司的治理结构泛指公司管理与激励、约束员工的方法。良好的公司治理结构能使公司有效地运行、实现科学决策。建立在科学决策观念上的公司治理结构，不仅需要一套完备有效的公司内部治理结构，更需要通过资本市场、经理市场和法律法规来发挥作用的外部治理结构。而公司治理结构不合理，正是我国商业银行竞争力低下和机制性问题的主要原因。完善我国商业银行的公司治理结构，重点应该做好以下几个方面。

第一，完善法人治理的组织机构。完善内部法人治理结构，分别设立股东代表大会、董事会和监事会，使所有权、经营权和监督权互相分开，明确划分董事长、监事长和行长的职责，并规范其行为。应调整董事会构成，推广独立董事制度，并确保监事会真正发挥职能。

第二，建立有效的激励机制。完善激励机制，主要任务就是对职工、董事、经理人员进行客观的绩效评价。在公开、公平的考校基础上，更多地将其收入与业绩挂钩。企业要建立一套根据经营效果决定报酬的激励制度，包括实行基本工资、奖金、长期奖励相结合的薪酬体系。

第三，建立约束、监督、评估机制。通过建立适合银行体系的监督、考核和评估机制，建立起对经理人员实行以聘任制为主的市场约束制度。在银行内部，建立对董事会负责的内部稽核部门。同时，监管部门应尽快将商业银行治理结构的合法性、合规性纳入检查内容。

第四，完善商业银行的内控机制。商业银行内部控制机制是其为实现经营目标，通过设计和实施一系列制度、程序和方法，对风险进行事前防范、事中控制、事后监督和纠正的动态过程和机制。完善我国商业银行的内控机制，要做好以下几个方面的内容：加强内控管理文化建设；健全、完善各项规章制度；推进激励约束机制改革，杜绝“内部人控制”现象；建立科学的财务管理体系，优化资源配置，全面提升经营效益。

（3）积极运用现代信用风险分析和计量技术。

同传统信用风险管理方法相比，现代信用风险计量模型构建于现代金融理论基础之上，运用大量的金融数据分析企业的信用水平，不仅关注违约情况，更注重企业风险水平的波动。因此，商业银行要运用好现代信用风险分析和计量技术，根据量化的数据，通过比较不同类别客户违约的可能性、不同授信条件的损失程度，在最有利的授信条件和最不利的授信条件下，使风险识别和风险度量水平的提高成为可能，使调整和确定风险控制标准更加精细化。

（4）建设产权制度。

业内专业研究机构对我国商业银行现行产权制度进行调查发现，产权制度不明晰，使得银行的委托代理关系模糊，资本的所有权与经营权难以分离，由此带来的是“权责利”不明、自我约束机制缺乏、经营效率和效益低下、大量不良资产产生等。因此，要想从根本上化解商业银行的信用风险，必须进行银行产权制度改革。要处理好国家、银行和国有企业中资产的所有权、使用权、收益权以及处置权之间的关系，确立商业银行的法人主体地位和市场竞争地位，建立起现代企业金融制度。

强化激励机制，充分发挥信用风险管理人员的主观能动性至关重要。首先，这就要银行打破目前信贷审批权限按行政职务大小层层下放的旧框架，实行审批放贷和行政完全脱钩。银行可按实际能力和以往业绩给予信贷管理人员相应的审批权限，并每年进行一次审定，视情况决定升级或降级，创造既有压力又有动力的工作环境。其次，把实际工作中过多的负激励转为正激励。在加强正面引导和管理的同时，充分尊重和发挥员工的能动性，满足他们受到社会尊重的心理需要。最后，改革现行工资分配制度，坚持市场化的报酬原则，加大绩效工资比重，推行客户经理等级薪酬制度。

银行怎样做好市场风险管理

商业银行的市场风险是指由于各种市场价格的种种不利变化，在进行表内业务及表外业务当中产生的风险。由于市场价格包括利率、汇率、股票价格和商品价格这四个成分，相应的商业银行的市场风险，又通常可被分为利率风险、汇率风险、股票价格风险以及商品价格风险。目前，金融市场自由化步伐逐步加快，主要以利率市场化和人民币汇率机制为中心。新兴的金融工具也层出不穷，随着负债和表外业务市场化的不断加深，渐渐暴露于最新市场价格体系下的扩展业务以及不合理的负债结构，都面临着市场风险的巨大挑战。因此，必须更好地对商业银行的市场风险进行有效管理和合理控制。虽然自由的金融市场给商业银行带来了不稳定的外部环境，但这同样为商业银行对市场风险的管理和控制提供了一次契机。尤其是一些新措施，改变了商业银行被动的局面，让其能够积极自主地调节资产负债结构，合理运用多种风险控制的工具来实现对市场风险的管理、制定有效的控制策略。

1. 我国商业银行市场风险管理的现状

一直以来，由于我国金融市场化水平不高以及商业银行对市场风险管理的操作空间狭小等原因，市场风险对我国的商业银行造成的影响十分有限。但是，随着利率市场化脚步的不断加快，金融市场自由化程度的持续提高，汇率市场化程度的连续加深以及金融衍生工具的迅速发展，商业银行所面临的市场风险增大了不少。面临重大的挑战，市场风险的管理对于我国商业银行来说更加刻不容缓。

（1）市场风险管理的急迫性。

商业银行的市场风险来自很多方面，如利率、汇率、债券、股票和商品价格等的不利变动，而这些不利变动又是经常发生的。一些较大的不利变动会对银行的利率产生很大的影响，因此银行要做好市场风险的预测与管理工作。如果任其发展，银行可能会受到很大的损失甚至破产。

（2）我国商业银行对市场风险的鉴定、计量以及控制的方法、工具滞后。

国际上普遍采取在险价值（VaR）法来计算市场风险，它是指在正常的市场条件和一定的置信度（Confidence interval，通常为99%）下，在规定的持有期间内，某一投资组合预期可能发生的最大损失；也就是，在正常的市场条件和一定的持有期间内，该投资组合发生 VaR 值损失的概率仅为给定的概率水平（即置信度）。我国银行对这种计算方法的应用还处于初级阶段，与发达国家的银行相比，还有一定的差距。

另外，国际上应对市场风险管理的工具和理念，如“内部控制整体架构”“内部会计控制”等，我国商业银行还没能对其进行良好运用。

（3）市场风险管理的数据信息系统不完善。

市场风险管理需要信息系统的支持。数据管控与信息管理系统在银行市场风险管理中具有举足轻重的作用。

银行市场风险管理涉及海量的数据，如交易数据、市场数据，而很多数据来自第三方交易平台，数据的合理性和规范性有待考察。很多银行只重视数据收集，不重视数据的真实性和可靠性的调查、分析，导致市场风险管理工作存在纰漏。

2. 加强市场风险管理的方法

我国银行加强市场风险管理的方法如下（见图3－2）。

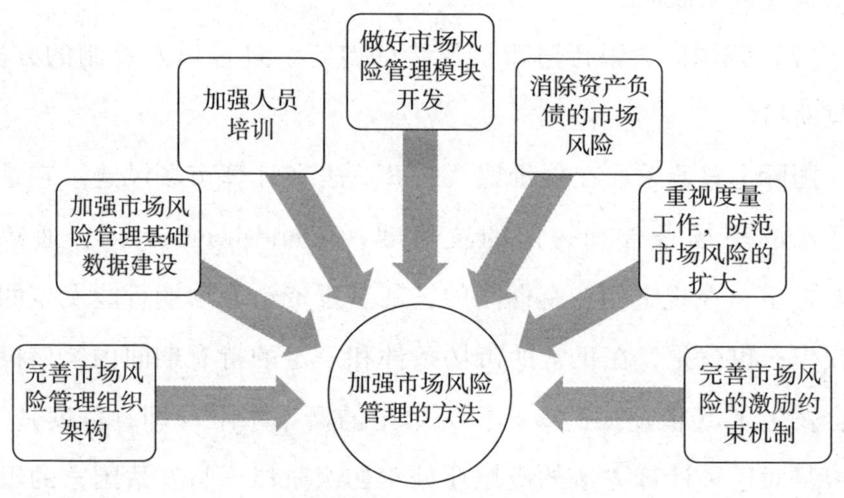

图3－2　我国银行加强市场风险管理的方法

（1）完善市场风险管理组织架构。

坚持风险承担和风险监控各自独立，以及市场风险集中管理的原则。在横向分工方面，具体的业务经营部门和市场风险管理部门不能合而为一，以便实施独立的市场风险监督和控制。在纵向操作方面，作为资产负债管理的一个重要组成部分，商业银行的市场风险管理大部分职能应集中至总行，由专业人员统一管理，在全行层次上进行资产负债匹配和风险对冲，避免分支机构各自为政，造成混乱和风险管理成本增加。在将市场风险集中到总行的同时，总行可以通过内部的法人授权，按照“统一管理，分级授权”的思路，将市场风险管理的一些权限授予各级分支机构，相关分支机构在设定的价格权限、敞口限额内对外办理业务。另外，总行可通过稽核、审计等渠道，加强对各分支机构市场风险管理行为的监控，及时纠正违规行为。

（2）加强市场风险管理基础数据建设。

有效的市场风险管理需要在大量数据的基础上进行模型定量分析。量化的数据监测好比例行的体检报告，基础数据建设对银行业这种高敏感度的行业而言更是至关重要。因此，在市场风险管理的基础层级，要细化资产负债管理系统，在管理会计方面要加强产品单位成本、费用核算和风险等数据的统计，为市场风险管理和准确进行产品定价奠定数据基础。一方面，应做好产品分类，科学设置财务会计科目、产品目录，使会计信息可与管理信息如产品的业务分类等很好地结合起来，以便做好费用的归集与配比；另一方面，应将非货币信息的统计纳入管理会计核算范围，积累诸如业务量、损失率、时间等成本信息，以便对各类产品及组合进行合理定价和风险监控。

（3）加强人员培训。

通过内部培训等方式，保持人员知识适时更新。市场风险管理实践需要营销人员、会计人员、市场风险管理人员的共同努力。商业银行应从提高全体员工的市场风险管理水平和培训一批熟悉市场风险管理的专业人员两方面着手，做好整体的培训规划，培养一批熟悉本行实际情况又掌握先进风险管理技术的市场风险管理专业人员，使市场风险管理成为价值创造和核心竞争力的源泉。

（4）做好市场风险管理模块开发。

提高市场风险系统的响应速度，建立迅速反馈机制，具体包括：①建立市场风险预警机制，根据市场变化快速提示前台部门及时规避风险；②提高相关系统的标准化操作程度和自动化水平，将风险控制责任尽可能交给后台的系统统一处理或联动处理，降低人工操作成本和风险，规避交易规则方面的风险，减少柜面资源消耗；③对成熟产品，可将业务服务、产品管理、成本核算、定价等子系统，以及内部考核子系统紧密结合起来，从价格导向、授权控制、激励机制等方面加强对相关市场风险的控制；④在开发相关系统时，应注意将其纳入整体的资产负债管理系统，避免风险控制脱节，开发的系统应借鉴国内外已有经验，适当超前，以适应未来业务需要；⑤在商业银行体系内部，建立全行畅通的市场变化传导机制，以例外管理等方式建立市场风险预警或提示机制，以增强全行分支机构的市场风险敏感性，使系统内部横向、纵向均能对市场变化做出迅速反应。

（5）消除资产负债的市场风险。

内部资金全额计价是指对分支机构所有资金来源和资金运用分别计价，即各级分支机构全部资金来源均作为上存总行资金，按资金价值计价，全部资金运用均作为借用总行资金，按资金成本计价。在这种内部资金转移定价的模式下，银行分支机构的资产负债按照期限、重定价周期等属性与相应的资金价值或资金成本完全匹配，除潜在选择权风险外，不再承担其他利率风险，分支机构的业绩基于一种无利率风险的情况，可把精力集中在经营上。存款部门每做一笔存款，相当于以固定的资金价值卖给总行资金管理部门，贷款部门每做一笔贷款，都按照固定的资金成本从总行资金管理部门拿到资金，业务部门的利润不随市场利率变化而变化，从而实现了市场风险和信用风险的分离，也就是将市场风险集中至总行统一管理，在全行范围内对冲。

（6）重视度量工作，防范市场风险的扩大。

对于市场风险的管理首先要提的就是对风险的度量，而度量的方法有很多，像市场风险的标准法和内部模型法这两种对市场风险的计量方法都是在《巴塞尔新资本协议》中被提出来的。对市场风险处理还只是处于初始阶段的我国商业银行，采用的度量方法相对简单。而对于国际上的许多大银行来说，它们在对市场风险度量与管理上拥有十分丰富的经验。但是，如今市场风险的度量模型通常属于静态模型，对于已经发生的风险只能被动地做出反应，并不能第一时间反映出商业银行所进行的管理活动对于风险状况处理的作用。所以，就我国商业银行表现出的问题来看，相对比较复杂的计量模型并不适合我国对市场风险的度量，它们不应该成为市场风险管理的重心。

（7）完善市场风险的激励约束机制。

风险管理的基本目标之一是规避损失、创造效益。因此，在进行市场风险管理考评时，银行应抓住效益这个中心，解决业务量和效益之间的关系。在短期激励方面，目前商业银行在内部资金管理方面有很多方法，在服务、产品、考评方面可探索按产品建立如“埋单制”等内部计价方法，提高定价过程与考核结果的相关性，探索建立适应利率和服务价格市场化的考核机制。在中长期激励方面，银行可以考虑实施期权激励制度。银行在设计考核指标体系时，要权衡市场风险管理的激励成本与收益，尽可能地使代理人利益与所有者利益高度相关，避免因内部套利机会的存在引发业务人员做出不利于银行整体利益的行为。

银行操作风险管理注意事项

随着我国金融体制改革的深入，银行业中的金融犯罪正在逐渐增多，其严重程度一度受到人们的关注。种种迹象显示，金融案件正在朝着“高职务、高科技、高案值；发案数量基层多、内外勾结作案多、作案手法多”的“三高三多”趋势发展，并呈现出“同类案件屡次发生”的特点。根据巴塞尔委员会关于操作风险的界定，以上案件均属于操作风险的范畴。

巴塞尔银行监管委员会对操作风险的正式定义是：由于内部程序、人员和系统的不完备、失效，或由于外部事件，造成损失的风险。以下所有情况，都会给商业银行带来损失：银行办理业务或内部管理出了差错，必须做出补偿或赔偿；法律文书有漏洞，被人钻了空子；内部人员监守自盗，外部人员欺诈得手；电子系统硬件或软件发生故障，网络遭到黑客侵袭；通信、电力中断；地震、水灾、火灾、恐怖袭击等。这一类的银行风险，被统称为操作风险。

1. 我国银行操作风险现状

我国银行操作风险管理现状令人担忧，尤其是随着互联网技术的发展，操作的便利性也使银行发生风险的可能性提高。

（1）事后监控重于事前防范。

银行重视事后监控，而轻视事前防范。银行侧重于事后监督管理措施，而对事前的防范和事中的控制措施关注较少，要么没有、要么形同虚设。凡是风险控制做得比较好的银行，其在制度建设方面必定是完善的。借鉴国外先进银行风险管理经验，防范操作风险的有效办法就是确定尽可能详细的业务操作规程，并标明每一业务流程所存在的潜在风险点，供操作人员使用。这在很大程度上减少了因操作人员操作不当引发操作风险的可能，并为稽核部门及上级监管部门的监督提供指引。而国内银行业在风险管理制度建设方面重视程度不足，部分银行开展各项新业务时，业务先上、规章后补，留下风险隐患。

（2）案件处罚重于原因分析。

通过案例分析不难看出，很多案件之间存在共同或相近之处。例如，近几年高发的关联企业骗贷案，嫌疑人或是采取相互担保骗取银行贷款的方式，或是采取借关联交易互开银行承兑汇票向银行贴现的方式，或是采取借虚假交易粉饰企业报表骗取银行贷款的方式。其实，这类骗贷案有一个共同之处，就是这些关联企业都是通过资本纽带相互参股持股形成，并最终掌控在一个人手中。如果银行能做到借贷前先进行原因分析，从中找到某种规律性，进而找到防范措施，就可以防范这类风险。而事实恰恰相反，国内很多银行却只重视案件查处，并没有全面分析、找出根源，造成同类案件屡次发生、“小儿科”的诈骗手法屡次得逞。

（3）基层操作人员管理重于高层管理人员监督。

国内银行内控管理历来重视对基层操作人员的管理，轻视对高层管理人员的监督，在认识上存在误区，许多管理者认为只有基层操作人员会发生操作风险。因此，银行内部审计部门的主要精力放在了基层操作人员身上，而对高层管理人员仅有离任审计，没有日常的稽核监督。但从现实案例来看，由于高层管理人员掌握着人力、财力、物力等大权，其引发的操作风险特别是内外勾结的危害性要远大于基层操作人员。

（4）业务稽核重于全局管理。

国内很多银行将操作风险混同为操作性风险，因而，设立内控部门对日常业务进行严密稽核，而无风险管理部门全面管理银行经营可能存在的潜在风险，从而造成很多类型的操作风险（如系统因素引起的操作风险）无人管理。一个小小的交易员的越权操作就足以令享誉全球的巴林银行倒闭，在某种程度上也印证了这一点。毋庸置疑，操作风险正越来越多地影响商业银行，并日益成为商业银行不得不面对的巨大威胁。可以断言，今后商业银行的破产倒闭可能不是信用风险引起的，也不是市场风险造成的，其诱因很可能是操作风险。

2. 我国商业银行操作风险管理的策略

面对存在诸多缺陷的操作风险管理现状，国内银行业应该正确地选择操作风险管理策略，以便有效应对操作风险。实践中应对操作风险的策略如下（见图3-3）。

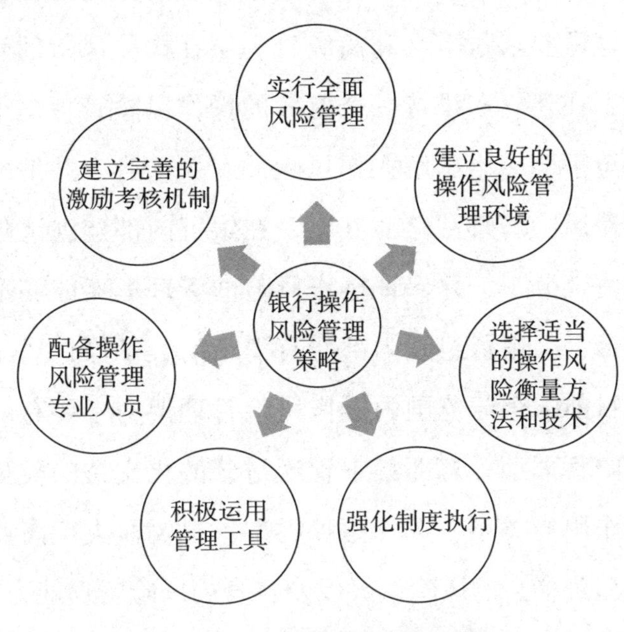

图3-3 银行操作风险管理策略

（1）实行全面风险管理。

这要求银行高级管理层充分认识到自身对内部控制所承担的职责，将有效的操作风险管理确定为银行稳健经营的关键要素之一。董事会应充分了解银行的主要操作风险点，定期审查银行的操作风险管理系统，确保系统有效运行。高级管理层应负责执行和实施经董事会批准的操作风险管理系统，确定相关政策、程序和步骤，负责建立分工合理、职责明确、报告关系清晰的组织结构，以管理存在于银行重要产品、活动和系统中的操作风险，使各级员工充分了解其与操作风险管理相关的职责，确保操作风险管理自上而下得以持续贯彻执行。

（2）建立良好的操作风险管理环境。

银行对操作风险进行管理，首先，要在银行内建立良好的风险管理环境，这就要求董事会和高级管理层在操作风险的管理中承担更大的责任，在建立和维持一个有效的操作风险管理框架方面发挥重要作用。董事会应当了解操作风险的有关内容，并批准和定期审查银行的操作风险管理战略。其次，在银行内部建立清晰的管理结构、明确的责任分工，并保证操作风险的管理框架能够覆盖所有的相关领域。最后，银行组织内部要有清晰的关于操作风险的管理和报告程序。目前，全球范围内操作风险管理架构主要有以下三种类型：总部集中管理型；总部集中管理与分散化支持的类型；稽核部门占据主导作用的类型。选择哪种类型，主要取决于商业银行各行的企业文化和董事会的风险偏好以及自身的风险管理能力等。

（3）选择适当的操作风险衡量方法和技术。

国际银行业的经验是先建立一套相对简略、但比较完整的操作风险管理体系，这个体系应当基本覆盖操作风险的识别、评估、缓释、监控、报告等环节，并将所有的业务部门和支持性部门都整合在操作风险的管理体系中，在此基础上再建立覆盖整个机构的操作风险管理战略和政策，并在实际运作中逐步完善，扩大其覆盖的操作风险领域。在着手管理操作风险时，重点要建立与信用风险和市场风险相一致的操作风险管理框架，确定不同职位的人员在操作风险管理中的责任，在此基础上确定拟选用的风险管理方法，并据此采集关于操作风险的各种数据，逐步建立初步的操作风险管理体系。新建立的操作风险管理框架必须要整合到与信用风险和市场风险管理相一致的框架中去。

（4）强化制度执行。

银行业防范操作风险最有效的办法就是制定完善的业务规章制度，并使这些规章制度得以有力执行。那些内部控制做得比较好的银行，在制度建设方面必定是完善的。各商业银行应结合自己的行业特点，在各个岗位、各个环节上设计严格的内部控制制度和操作手册，以减少操作人员因操作不当引发操作风险的可能；并为操作风险管理部门的监督提供指导，做到有法可依、有章可循。更重要的是，银行要做到有法必依、执法必严。制度执行不力是我国银行业在操作风险管理上的一大问题，制度执行不力会使制度形同虚设，失去约束力，这方面银行需要注意。外资银行的做法值得国内银行学习，它们对每种业务都会设计详尽的操作手册，要求员工严格执行，而在操作手册中规避了几乎所有潜在风险点。国内银行业在风险管理制度建设方面存在不足，在很多情况下往往是先开展业务、后制定规章，即使有了规章也形同虚设，从而引发大量风险发生。

（5）积极运用管理工具。

在对操作风险的管理上，国外银行越来越多地利用互联网建立电子档案。这样做既提高了工作效率，也确保了风险管理的有效性。以流程因素引起的操作风险为例，先进的银行业务运作大多采用电子化方式。例如，从信贷人员调入信贷经理审批，再到最终信贷资金发放，都是借助于计算机系统来实现的，这就大大减少了人为因素引发操作风险的可能。在对操作性风险的审计监督上，国外银行大多也采用了电子审计的方式，这点值得国内银行借鉴。

（6）配备操作风险管理专业人员。

从人员构成看，一些国际性金融机构中的操作风险管理人员主要有不同业务部门的管理经历：法律或稽核人员、业务计划人员、信息安全人员等。较之信用风险和市场风险，操作风险管理方面有实际经验的人员相对较少，大部分需要金融机构结合自身的实际情况进行培训，还有一部分需要从外部招聘。从具体的定量衡量的角度看，操作风险的函数形状是浴缸曲线，一个操作性的系统在引入初期，员工缺乏经验，管理上存在漏洞，因而出现操作风险的概率较高；随着系统的运行正常，风险频率较低，主要是一些随机性的故障；最后，随着系统的老化、环境的变化，出现操作风险的概率重新上升。因此，为降低操作风险出现的概率，银行在早期应强化对员工的培训。

（7）建立完善的激励考核机制。

在具体的管理人员介入操作风险系统运行时，就存在着机会主义式运用这一系统可能性。同时，即使一个机构中建立了相当自动化的操作风险报告体系，如果高级管理人员不能动态地介入整个管理过程，不能将报告的结果与员工和部门的绩效考核有机地结合起来，这个系统的运作效果也会大打折扣。因此，建立完善的激励机制和绩效考核制度，在操作风险管理中同样十分重要。

银行合规风险管理

合规风险是指银行因未能遵循法律法规、监管要求、自律性组织制定的有关准则、适用于银行自身业务活动的行为准则，而可能遭受法律制裁、监管处罚、重大财务损失或声誉损失的风险。目前以风险为本的监管模式受到了广大银行的认可，互联网的发展给银行业带来了走向国际化的机遇，因此加强合规管理、防范合规风险的必要性更加突出。

1. 我国银行合规风险管理现状

我国商业银行的监管部门高度重视银行的合规风险管理，在这方面取得了较大的成功，具体表现在以下几个方面。

（1）组建银行合规管理部门。

在我国银行业中，中国银行是较早组建合规风险管理部门的银行。据相关调查显示：2001 年 10 月，中国银行（香港）有限公司设立了法律与合规部。2002 年，中国银行总行把法律事务部更名为法律与合规部，履行法律与合规两大职能，并设置了首席合规官。

中国建设银行的合规风险管理部门成立于 2003 年年初，2005 年中国建设银行将其独立出来成为合规部，2008 年又将法律事务部和合规部合并，组建法律与合规部。中国工商银行在 2004 年单独设立了内控合规部。2006 年中国农业银行总行下发文件将总行法律事务部更名为“法律与合规部”，增加全行合规管理职能。其后，中国交通银行、中国民生银行、上海浦东发展银行等也都相继设立了相应的合规管理部门。

（2）重视合规培训。

我国各大银行建立合规部门后，对合规部门的职责也越来越重视。我国银行合规部门的主要责任包括：制定合规政策、审核评价银行经营活动中的合规性、开展合规培训和教育、开展合规风险的测试、保持与监管机构的日常联系等。我国银行为了加强合规风险管理，都加强了合规部门人员的培训。现在许多商业银行邀请专家对本行高级管理人员、合规管理人员、信贷人员以及其他人员进行培训，以期达到提高合规风险管理水平的目的。

2. 加强合规风险管理的方法

虽然我国银行业的合规风险管理取得了一定的成绩，但是为了有效避免合规风险的发生，可以采取以下方法加强合规风险管理。

（1）明确合规部门的权力。

银行要从全行风险管理的战略高度，设置单独的合规风险管理部门，并且派专人做管理工作，确保合规部门有独立的行权能力。合规部门在取得了一定的权力后，就要行使自己的权力，协助上级管理部门制定合规政策，主动识别和评估与经营活动相关的合规风险，评估内部各项程序和规则的适当性，及时跟进任何在政策和程序方面已被发现的缺陷，提出修改建议。合规部门要直接对高层负责。合规部门享有独立调查违反合规政策事件的权力，对经调查发现的异常情况或可能发生的违规行为，可按程序直接向上一级合规部门或所属机构管理层报告，必要时可直接向董事会或行长报告。

（2）提高合规风险防控水平。

银行要提高合规风险防控水平，就要建立科学的合规管理评价制度，量化、细化考核指标。对各部门、业务条线和分支机构管理人员合规风险管理的能力和内部风险状况，实行定性与定量相结合的考核制度，并把考核评价结果与相关人员的薪酬挂钩，充分体现考核机制的促进作用，使银行内部各个部门加强合规风险意识。

银行要提高合规风险防控水平，还要建立风险责任追究制度。也就是说，银行要切实强化合规风险责任追究机制，通过制定、补充、修改，完善有关问责制度。落实合规责任，惩处违规行为，加大对各级管理人员管理责任的追究力度，规范经营管理行为。另外，银行要建立举报监督机制。银行要建立员工举报违规违法行为的渠道，建立有效的举报保护和奖励机制，鼓励员工举报不合规行为，强化对违规违法行为的有效监督。

（3）建立合规文化保障机制。

银行构筑合规风险管理平台，需要有文化机制的保障。银行要积极吸收先进的合规制度文化的科学内容，构建以先进合规理念为先导、以核心价值为基石、以有效制度为手段的合规文化，努力使“合规人人有责，合规创造价值”成为全员共同的价值取向。银行要建立合规文化、建设长效机制，制定合规文化战略规划和年度计划，明确不同阶段的建设目标，按计划、分步骤地推进合规文化建设。高层管理人员要把合规文化作为企业文化建设的重要支点，统筹考虑、协调推进，使合规文化建设的风险管理理念与企业文化所倡导的核心价值观念相统一，使合规文化逐步渗透到经营管理的每个层面和决策的每个环节当中去。

总之，银行要加强合规风险管理，就要整合监管资源，使内部监督检查与外部监管有机结合，做到主动合规、有效合规、科学合规，实现合规与监管的良性互动。一方面，银行要定期将本行检查发现的违规问题及风险隐患向监管机构报告，听取监管机构对风险识别界定、责任追究、风险处置等方面的指导意见，增强风险管控的针对性和有效性；另一方面，银行合规管理部门应根据掌握的风险信息资源，抓住重点，指导督促银行进行风险监控、防范和处置。

网络金融欺诈风险

1. 建设银行针对网络金融欺诈风险实施的举措①

截至 2015 年 5 月 19 日，中国建设银行互联网反欺诈累计帮助客户避免损失约 4.93 亿元，有效保障了客户资金安全。建设银行始终坚持客户体验与风险防控并重，依托电子银行安全团队研究成果，坚持技术与业务密切合作，多措并举积极应对网络金融欺诈风险。

注重互联网欺诈风险预防。一是研判欺诈风险变化趋势，积极

① 《中国建设银行多举应对网络金融欺诈风险》，http：//www.ccb.com/cn/ccbtoday/news/20150526_1432605721.html，2015－05－26，部分内容有删改。

储备防控措施；二是甄别潜在高危客户及欺诈账户，并部署相应管控措施；三是及时对出现被欺诈风险的分行、客户进行风险预警；四是不断创新钓鱼网站主动搜索、关闭的工作方法；五是利用微信、网站等自媒体、营业网点多渠道以典型案例方式开展客户安全教育和警示；六是拾遗补漏，堵塞产品及流程缺陷，消除安全隐患。

推进智能化事中控制策略部署。一是通过典型欺诈案例特征研究并结合客户历史交易行为习惯，部署相应的控制策略和措施；二是通过位置服务、终端识别等新技术应用，持续优化提高规则控制有效性，将高命中率的监控模型应用系统智能化自动防控。

打造联防联控的合作机制。结合风控大数据，创新研发第三方合作支付商户风险评级模型，对与建设银行合作的第三方支付商户进行风险等级评估；根据等级评估情况，采取一户一策差异化策略，规范合作商户的风险管控工作；总行、分行、网点共同打造建行、合作商户、公安机关在内的联防联控合作机制，力求构建一个以建设银行为核心的应对互联网欺诈犯罪的防护生态圈。

2. 做好对互联网金融违约欺诈风险的预判

银行要想合理规避互联网金融欺诈风险，就要做好对互联网金融违约欺诈风险的预判。

（1）互联网金融业务模式存在的漏洞。

全球互联网金融业务的兴起主要有两个原因：一是 Web 2.0（第二代互联网）的兴起，为互联网金融规模化、个性化、自动化借贷提供了技术可能；二是 2008 年国际金融危机的爆发所带来的银行借贷，为互联网金融借贷提供了庞大的客户群体。但这种无法从银行获得资金的客户群体，本身具有较高风险，只能通过较高的利率来吸引投资者和补偿出借者的风险，从而导致坏账率大概率会比银行信贷高。如果没有强有力的资金支持方，如风投、政府部门，或分散风险的金融工具，平台会出现不可避免的资金断裂。

（2）互联网金融违约欺诈风险预计将逐步暴露。

根据欧美互联网金融业务所暴露的风险来看，其风险主要是全球所有金融机构都需要面对的坏账风险，只是互联网金融业务没有强大的金融风险分散体系的支持，因此风险很难化解。我国互联网金融业务所暴露的风险主要为道德信用风险，而不全是业务模式所暴露的坏账风险。由于我国银行业信用体系还不太健全，银行业的互联网金融违约风险会逐步暴露。但是，随着互联网金融信用体系的不断完善，互联网金融业务将回归正途，向小规模化、社区化的趋势聚集，为社交圈内短期临时借贷提供撮合平台。

（3）互联网金融业务模式将对银行信贷创新产生重要影响。

互联网金融业务虽然有业务模式的瑕疵，但是对于传统银行体系来说有重要的借鉴意义。互联网金融线上业务模式为传统银行开辟了两大提高个人及小微企业信贷效率的创新：一是创新利率的形成方式。其拍卖形式根据借贷双方的偏好，在借款人设置的贷款条件及投入程度和放款人投资速度与可行性之间取得平衡，从而达成最优的利息设定，促进公众利益最大化。二是创新金融的撮合方式。利用信息技术和网络平台，引入群组匹配，在拥有相同特质或相同业务的信贷双方之间进行借贷，从而解放一部分人，降低人工操作风险和违约风险。

我国银行只有弄清楚了互联网金融存在哪些违约欺诈风险，才可能未雨绸缪，针对风险做出自己的防控计划。

银行的 IT 系统风险

1. 造成银行 IT 系统风险的原因

银行 IT 系统风险是指任何由于使用计算机硬件、软件、网络等系统所引发的不利情况，包括程序错误、系统宕机、软件缺陷、操作失误、硬件故障、容量不足、网络漏洞及故障恢复等。

据相关资料分析，造成银行 IT 系统风险的原因如下。

（1）大数据引发风险。

随着互联网技术的发展，大数据被应用到各个行业。我国银行从原有的数据分布式处理模式逐渐转向大数据大集中处理模式。虽然数据集中可以为银行数据处理节约一定的人力、物力资源，有利于银行业务处理速度的提升，为银行带来巨大的收益，但是数据的高度集中也会诱发风险。例如，降低银行的服务水平、阻碍其业务正常开展，甚至导致大范围、长时间停业，使银行面临信用危机，造成不良的社会影响。就拿银行现代化支付系统的清算账户来说，数据高度集中的结构解决了以往清算账户分散、IT（信息技术）数据信息不集中、不利于账户监督的问题，但同时带来了新的风险。如果国家处理中心运行出现问题，不仅商业银行的异地跨行业务会受到影响，而且各地支行的金融机构清算账户的所有业务如存取款、再贴现、再贷款、同城票据交换等都会受到影响。

（2）IT 外包隐含风险。

商业银行的 IT 外包，在满足银行的技术需求的同时会带来一些风险。尤其是目前银行的许多 IT 产品，如操作系统、计算机 CPU（中央处理器）、互联网等技术、基础应用软件都来自国外公司，受各种因素的影响，会存在很大的风险隐患，如果管理不到位会给银行带来很大的损失。

一般来说，银行的 IT 外包风险包括：系统性风险、依赖性风险、供应链风险、选择性风险、合同风险、信息安全风险、技术风险、服务质量风险、监督与审计缺失风险等。由于银行的 IT 外包风险种类较多，银行稍有管理不到位就会使隐患暴露，对正常运营和安全造成不可估量的损失。

所以，银行必须做好 IT 系统风险管控。

2. 银行对 IT 系统风险管控的主要方式

（1）高度重视银行 IT 外包风险管理。

首先，银行要确定哪些外包风险是可接受的、哪些是不能接受需尽快改进的，以此评估外包项目如何支持银行的 IT 战略、银行的战略目标预防可能发生的风险，制定有效的风险管理策略。其中，IT 外包风险评估过程应充分考虑核心业务处理系统的外包风险，具体包括系统的安全和有效、反应及时性、系统和资源的完整可靠、管理信息规则的一致性等方面所遇到的威胁，同时要注意 IT 的系统结构、设计及控制方面的功能可能面临的各种风险。

其次，银行要将 IT 外包风险纳入全面风险管理范围，由专门的人员组成 IT 风险专门管理机构或组织，定期召开例会，及时通报 IT 外包服务过程中遇到的各种问题和潜在风险，发现比较大的风险隐患时，应及时向上一级风险管理机构汇报，以便采取及时有效的防范措施。同时银行应做好必要的风险准备，应对不可预料的 IT 外包服务风险的发生。

最后，银行要全面管理 IT 外包风险，就要严格监控 IT 外包风险，采取不同的风险处置方法降低风险。银行要监控外包风险，应用定性和定量的方法监测 IT 外包风险。

（2）构建先进的 IT 服务管理体系。

在中国经济国际化和金融全球一体化趋势的影响下，国内各商业银行纷纷进行战略转型，并购、融资、上市。国内银行面对这样的金融环境，业务支撑系统经历着巨大的冲击，IT 管理部门经历着严峻的挑战。银行对业务系统的管理能力提出了新的要求：确保在客户交易高峰时段做到对 IT 资源准确、合理调配；在网上银行、银证通、银行卡等业务量翻番时，监控和管理好关键业务的应用，保证生产系统的高可用性和高使用率；IT 管理者在最大限度地满足业务需求的同时，要规避版本频繁更新对业务系统造成的潜在风险。

（3）构建一个严密的管理系统。

银行要构建一个严密的管理系统，从研发到运行维护再到数据集中层层把关。

银行面对系统研发过程中存在的风险隐患，要构建一个严密的管理系统，保证IT系统免受侵害。建议银行实行“统一规划、统一选型、统一开发、统一标准、统一采购、统一调配资源”，成立特殊项目组，由所有业务部门主管轮值出任项目组组长。行长任项目整体组长，自业务系统立项研发起就让业务部门参与，避免IT系统的最终使用者在使用系统时对其一无所知。

第四章

银行主要业务风险的防范

存款业务要防止哪些风险

银行存款业务风险的防范与控制包括流动性风险的防范与控制、利率风险的防范与控制和法律风险的防范与控制，如图4－1所示。

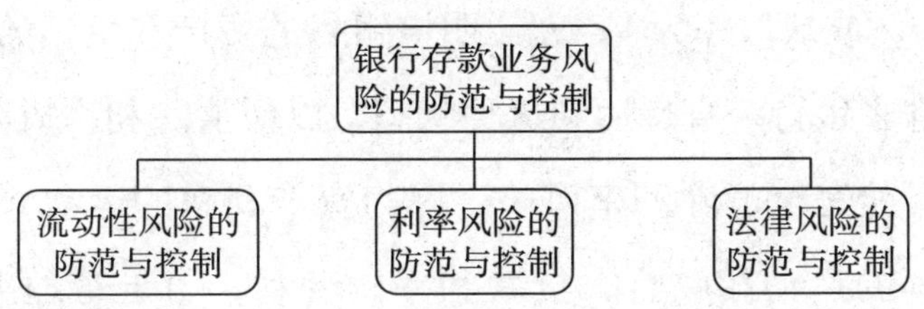

图4－1　银行存款业务风险的防范与控制

1. 流动性风险的防范与控制

采取流动性缺口管理。流动性风险管理要求银行预测存款流失和新增贷款需求量。融资需求量与新的资金来源预测值的差额即为流动性缺口。流动性缺口表明银行是否有多余的资金进行投资，或是否需要补充流动性需求。如果流动性缺口为正数，银行就必须准备出售资产或购入负债，以增加资金来源；如果流动性缺口为负数，银行就有超额资金进行投资。然而，新增贷款量和存款量的预测是十分困难的。虽然存货数量一般具有季节性变动和周期性变动的规律，但是银行的定价政策和不断波动的市场利率的敏感性很强。因此，商业银行必须考虑存款量和利率的变动敏感性，据此对存款、贷款变动的长期趋势做出预测和判断。商业银行要缩小流动性缺口，估测的流动性缺口与可得到的资金总额之比最好不要超过“1”。流动性缺口越小，银行不能满足流动性需求的风险就越小。

2. 利率风险的防范与控制

（1）利率缺口管理。

利率敏感性资产和敏感性负债之差，即利率缺口。一般来说，若缺口为0，或缺口率为1，就说明该银行的资产和负债的到期日期相匹配，许多银行一直想达到这种状态，以便清除利率风险。其实，零缺口并不能完全消除利率风险，因为资产利率的运动并不能完全同负债利率的运动相吻合，贷款利率的变动，由于管理上的缘故，要滞后于市场利率的变动。当市场利率上升时，它阻滞了银行利润的增长；而它下降时，又减缓了收益下降的速度。此外，利率变动时，资产负债量和结构的变化使缺口难以达到。在商业银行经营过程中，更多的情况是利率缺口为正值或负值，即正缺口或负缺口。所谓正缺口，是指敏感性资产超过敏感性负债。在正缺口条件下，利率的上升就会使银行的收益增加，缺口越大，收益增加越多。所谓负缺口，是指敏感性资产小于敏感性负债。此时，利率的上升就会使银行利息成本增加。缩小银行利差收益，银行利息收入就会减少，缺口越大，收益减少所面临的利率风险和程度就越小。

银行在利率缺口管理中如何保持缺口，取决于利率曲线和利率变动的趋势。所谓利率曲线，是指随着期限的延长，利率不断变动的轨迹。曲线向上倾斜，意味着长期利率高于短期利率，此时，银行保持负缺口，“借短贷长”可以使利差最大限度地扩大。曲线向下倾斜，意味着长期利率低于短期利率，正缺口往往出现在此时，“借长贷短”可以最大限度地扩大利差。因此，研究利率曲线是向上倾斜还是向下倾斜和互相转换的条件，对利率风险管理有着十分重要的意义。

当利率曲线向上倾斜时，银行应“借短贷长”，但要随利率的变化不断调整自己的资产—负债计划。若利率不变，“借短贷长”的利差高于“借短贷短”的利差；若利率总水平下降，利率曲线仍向上倾斜，此时“借短贷长”的利差进一步扩大，因为已发放的长期贷款利率已在较高的水平上固定下来，而期限短的负债到期可按较低的新利率借出，成本下降，利差扩大；若利率总水平上涨，利率曲线仍向上倾斜，此时可能是市场利率的上升造成借贷资金非中介化，没有足够的资金流弥补流动性缺口。此时银行可采取三项措施：其一，处理好已安排的缺口，这个缺口要靠借入长期资金冲抵；其二，缩小利率缺口，使利率期限由两极向中间靠拢，即将负债的期限延长、将资产利率的期限缩短；其三，若对未来的利率趋势捉摸不定，或认为利率继续上升，可以关闭利率缺口，使资产和负债的到期日期相匹配，即“借短贷短”“借长贷长”。

当利率曲线向下倾斜时，若利率上升，“借长贷短”可使利差扩大；若利率下降，“借长贷短”也会产生利率风险，挤占银行利润。

此时银行也会采取三项措施：其一，缩小缺口，使利润期限由两极向中间靠拢；其二，当未来利率趋势不明，或认为它将继续下降时，可以关闭利率缺口，即保持零缺口；其三，若利率下降幅度较大时，也可实行“借短贷长”的反策略。

从以上的分析可以看出，利率缺口管理采取的策略依赖对利率变动的预测，而这种预测可能与实际相反。因此，商业银行在缺口管理中，应时时关注利率的变化，力求对其做出准确的判断。

（2）利率调换。

利率调换的所有交易都以伦敦同业优惠利率为基础标价或基准利率。其中一家银行的资产利率是固定利率，而负债则是按浮动利率支付利息，这样，敏感性缺口为负数。同时，另一家银行的资产按浮动利率计息，而负债则是按固定利率付息，其利率敏感性缺口为正数。如果利率上升，有负缺口的银行蒙受损失，有正缺口的银行将获利。利率下降时，有负缺口的银行获利，而有正缺口的银行则要受损。利率调换就是交换双方负债的利息支付。具体来说，就是一方把负债的固定利率付息交换成浮动利率付息，或者相反。通过这种利率调换交易，两家银行的利率敏感性资产与负债可以更好地搭配，从而减少利率风险。

3. 法律风险的防范与控制

法律风险是指由于银行或者存款人的作为或不作为，与法律的规定存在差异，从而使银行或存款人承担不利后果的风险。银行存款业务中的法律风险主要有以下几种。

（1）银行柜员操作失误的风险。

在银行基本上实行柜员制操作的情况下，由柜员单独办理业务，柜员在某些情况下可能会出现操作失误的情况。例如，银行柜员接过客户的现金后进行清点，在录入系统时由于操作失误输入金额错误，就会损害客户资金安全。

（2）存款手续不完备产生的风险及代理存款操作不规范产生的风险。

客户在办理无卡存款业务时需要出示存款人的有效身份证件，经银行工作人员核实后方能办理，如果是大额现金存款还需要留存身份证复印件。有些银行为了拉拢客户，搞好和客户的关系，办理无卡存款业务时不要求查看客户的身份证并辨别真伪。这中间的风险是很大的，有些客户因为和工作人员熟悉，将资金化整为零，在银行间、账户间频繁存取现金，银行对由此产生的风险进行控制存在一定的难度。

（3）办理挂失止付的风险。

存款作为一种金融活动，可能存在一定的风险。存款业务存在的风险主要在于存款被存款人以外的他人所支取。储户一旦遗失存单，应当立即到银行进行挂失，以避免存款被冒领。如果储户进行挂失时，银行发现存款已经被人领走，而储户又能证明自己并没有取款，由银行对被冒领的存款进行赔偿，还是由储户自己来承担责任呢？

存单是银行和存款人之间债权关系的凭证，存款人凭存单支取存款。一旦存单遗失，为保全存款人的权益，法律赋予存款人挂失止付的权利，以避免存款被冒领的风险。《储蓄管理条例》规定，存款人遗失存单、存折或预留印鉴的印章的，必须立即持本人身份证明并同时提供存款人的姓名、开户时间、储蓄种类、数额及住址等有关情况，向其开户的银行书面申请挂失。存款人也可以用口头或电话的形式申请挂失，但必须在五天内补办书面申请挂失手续。银行受理挂失后，必须立即停止该存款的支付，受理挂失前该存款已被他人支取的，银行不负赔偿责任。挂失止付的意义在于，丧失存单的储户可以向其存款银行发布停止支付的命令，当然银行在接到该命令之前已经正当支付的，不受止付命令的拘束。储户发布命令的权利主要源于其与银行存款合同关系中银行的默示义务，即银行需要对储户的存款尽到谨慎支付并在不损害银行利益情况下按照储户要求的方式进行付款的义务。

（4）密码泄露产生的风险。

作为存款业务操作过程中重要身份识别标志的存款密码，是存款人资产安全的重要保障。作为存款合同的双方，银行和存款人对密码均负有保密的责任，银行的责任表现在对其计算机系统及密码生成和校验程序有保证安全的义务；存款人的责任表现在对其自行设置的密码有保密和妥善管理的义务。银行计算机系统及密码生成和校验程序经过严格技术及安全检查认证，在一般情况下应能够认定其安全性。因此，可以认定存款人是其密码的唯一知悉者。为防范存款人的道德风险并督促存款人谨慎保存密码，应推定存款人负有如下责任：无论其是否将密码提供给第三人，均应对通过其密码发生的金融交易负责。

（5）个人信息泄露的风险。

银行应当保障存款人的合法权益不受任何单位和个人的侵犯。

我国相关法律规定，对个人的在银行所有的储蓄存款，商业银行有权拒绝任何单位或个人查询、冻结、扣划，但法律另有规定的除外。对此，《个人存款账户实名制规定》也有相关的规定，对金融机构工作人员违反规定泄露个人存款情况的应予以严肃处理，由此造成严重后果的，要依法追究法律责任。如果存款人发现金融机构违反法律，泄露储蓄存款账户的情况，可以向上级主管部门举报，也可以依法向法院提起民事诉讼，维护自身的合法权益。除法律有专门规定者外，其他任何单位都无权查询和冻结、扣划个人储蓄账户。但是，在实际业务操作中存在以下问题。

在何种情况下可以查询、冻结、扣划个人储蓄账户，法律没有作出具体规定。授权单位不是什么时候都可以查询、冻结、扣划个人储蓄账户的，只有确实为了执行公务和确有必要，授权单位才能行使其职权。法律应该对有权机关何时执法有明确的规定，以免有权机关的人员借公务之名侵犯储户的个人存款隐私权。

对如何查询、冻结、扣划个人储蓄账户，法律没有作具体规定。储蓄机构对执行有权机构查询、冻结、扣划个人储蓄账户的要求也是尺度不一。

以上疏漏令实践中有权机构的工作人员不是出于公务，而是仅凭简单的单位介绍信就可以查询、冻结、扣划个人储蓄账户的情况有可能发生。为了保护储户的个人存款隐私权，立法机关应就如何查询、冻结、扣划个人储蓄账户作出具体的程序性规定。

（6）存款实名制下，客户身份认定产生的风险。

《个人存款账户实名制规定》规定：在金融机构开立个人存款账

户的，金融机构应当要求其出示本人身份证件，进行核对，并登记其身份证件上的姓名和号码。该条内容明确规定了金融机构为客户开立账户的操作程序，但并未规定金融机构有审查、辨别身份证真假的义务。从条文含义理解，这是程序性规范，即金融机构只要依据上述程序进行操作，便履行了法定职责，至于当事人提供的证件是否真实有效，并不是审查金融机构工作是否存在过错的依据。首先，向金融机构提供真实有效的证件，是法律对开立账户当事人提出的要求，《个人存款账户实名制规定》对此有明确规定；其次，从银行实际操作的可行性角度来看，金融机构对当事人提供证件的真实性、有效性也仅能做形式上的审查而无可能进行实质性审查，因为金融机构本身就不是证件真实性与否的鉴定机关，也无权作出鉴定结论。

对银行而言，其不是具有专业鉴定技能的鉴定部门，而且，银行要从发证机关获得可以辨别真伪的信息资料也存在很大的障碍。从我国现行的法律法规来看，没有规定身份证件的发证机关有答复金融机构查询身份证件的义务，而在我国缔结的国际条约中，更找不到外国驻华使领馆必须答复银行查询外国护照的义务。因此，要求银行工作人员对身份证件进行实质性审查，在事实上不太可能。

从银行的实际业务操作来看，由于办理银行业务适用的法定身份证件种类繁多，且银行没有向发证机关查对身份证明的权利和义务，而银行存款业务是日常大量实施的交易活动；又鉴于银行与客户是业务合作的关系，银行的工作人员只能把所有存取款人作为客人接待，不能作为犯罪嫌疑人进行身份盘查，银行对客户身份证件的核查应该符合以上社会公认的交易习惯。银行的工作人员不是司法鉴定专家，且每笔业务办理时间极为短暂，对客户身份证件的核对，只能是相对非专业性的，这是日常大量民事交易活动中的交易习惯，是约定俗成的行为规范。代理他人存款而产生的法律纠纷也时有发生，实践中也有法院判决储蓄机构承担民事责任的案例。究其原因，在于中国人民银行颁布的关于代理条款相关规定过于简单，加之该规定属于行政规章的层次，其法律层级效力较低，因此遇到此类案件，人民法院一般依照民法通则的规定处理。但是，由于多年记名制储蓄业务影响形成的惯例，储蓄机构并不要求存款代理人出示被代理人的授权委托书。如果代理人没有按照被代理人的要求，将资金全部存到被代理人的实名账户上，而是将一部分或者全部资金存到了代理人自己的实名账户上，被代理人如果到法院起诉代理人和储蓄机构侵犯了其财产权，且有一些对储蓄机构不利的证据，法院很可能依据民法通则的相关规定，判决储蓄机构承担连带责任。依据民法理论，货币作为民法上特殊的种类物，货币的占有权与货币的所有权合而为一，货币的占有人视为货币所有人，实名账户上存款的所有权人当然就是实名存款人。

贷款业务风险管控方法

银行贷款风险的形成有企业使用贷款不当等外部原因，亦有贷款风险控制制度不完善，制约机制不健全，贷款管理各环节不配套、不衔接、不落实等内部原因。

1. 进行业务环节控制

银行管理层次多，管理效率低下，风险点分散，信息不对称，导致贷款业务监管难度大。商业银行纷纷推行机构“扁平化管理”模式，即减少管理层次，缩短信息传递时间，实现垂直化管理。在贷款业务上，银行应重视对办理人的信用调查，同时可以将管理权和核算权上收至一级，统一核算、统一监督、集中分析，这样更能反映某一片区的特点，便于对症下药。管理层次的减少，节约了人力的同时提高了运作效能，更有利于管理目标的实现。重视信用调查，将有效降低信用风险、提高管理效率，保证会计信息的真实性、准确性。

2. 完善银行贷款风险管理体系

我国商业银行对贷款业务风险的管控尚未形成比较成熟的体系，在这一方面，国外的银行已形成了比较成熟的体系。我国商业银行可以借鉴国外商业银行贷款风险管理体系的先进经验。第一，加强贷前审查；第二，完善内部监控制度；第三，建立风险预警机制。除此之外，商业银行应研究出一套向贷款企业或者个人催收贷款的机制，防止呆账、坏账的发生。总之，商业银行在贷款业务这方面应该有一个整体性的规划，对贷款的风险分散机制也必须有一个比较明晰的思路，例如，着手研究不良贷款证券化，利用社会资金分散贷款风险。

3. 对企业贷款采取信贷工厂模式

西方发达国家对中小企业贷款多采取信贷零售化管理，我国商业银行也可以借鉴和效仿这种管理模式。商业银行首先应完善信用评价机制，设计中小企业贷款评分卡，并将评分卡与信贷流程逐步对应。对于初次申请贷款的企业使用申请评分，着重考察违约风险；对已经发放贷款的中小企业使用行为评分，监控企业财务状况，评估企业偿还贷款的能力；在此基础上再增加催收评分，对违约账户的催收时间和催收方式进行标准化设计。

4. 创新企业信贷产品

商业银行应立足中小企业客户群体，深入调研客户需求、行业差异和区域特点，推出独具特色的信贷类产品，通过连续不断的产品更新，找到与众多中小企业对接的契合点，有效提升中小企业信贷服务质量。一是对现有的信贷品种进行开发创新；二是对信贷类产品与非信贷类产品进行组合创新；三是根据中小企业出现的新需求开发出新产品，满足其融资和非融资需求。随着科学技术和经济的发展，中小企业新的融资需求也会不断涌现。商业银行应根据不同客户类型、所属行业、信用等，在客户资料数据库完善的基础上进行目标市场细分，通过对中小企业客户的特定借款需求、还款能力和交易风险，以及风险控制所要求的、贷前必须满足的条件设计出新的产品和服务，最大限度地满足客户综合化、多样化和差别化的需求，并且对信贷产品施加一定的控制，从而在某种程度上缓释风险。

5. 建立信贷文化

商业银行企业文化的关键构成部分包括信贷文化。信贷文化是指商业银行在长期信贷经营中通过行为、精神和制度三个层面集中反映、信贷人员普遍承认并愿意遵循的信用风险管理行为规范和价值理念的总和。通过信贷文化的建设，商业银行用统一的价值观、道德准则、行为规范约束员工，提高员工的道德素质和情操，使之牢固树立团队精神、创新竞争精神，提高小微金融服务的水平，树立良好的企业形象，增强商业银行的竞争力。

银行各项贷款的操作过程构成了若干风险控制点，做好对这些点的管控，是商业银行贷款业务管控的主要内容。因此，为加强贷款管理，银行必须在贷款的掌握上认真抓好贷前调查、贷时审查和贷后检查三个环节。贷款“三查”是衡量贷款审批、发放和管理工作有效程度的基本要求，是避免贷款风险的保证，尤其是开展审贷分离可以使贷款审查环节分工职责明确、互相控制。

在贷款业务办理过程中，银行运作系统出现故障，审核过程中银行职员监守自盗或是把关不严，都会埋下隐患，引发操作风险。对于银行内部管理，电子系统发生故障，通信、电力发生中断都属于系统性问题。内部人员监守自盗、法律文书有纰漏，则属于银行员工导致的问题。做好以上风险管控是银行工作的重要内容之一。

银行承兑汇票业务风险防控

银行承兑汇票业务风险的产生有内在和外在两个方面的原因，主要体现在以下几点。

第一，银行内部风险控制措施不到位，造成承兑中申请人资信调查流于形式，银行只对票据金额与票据数量进行核对；还有内外勾结伪造、变造银行承兑汇票，诈骗银行资金形成垫款等。这造成了潜在的票据风险隐患。

第二，票据法规不尽完善。现行的《中华人民共和国票据法》《支付结算办法》等有关票据的法律法规对于银行承兑汇票的有关规定不是很完善，使会计人员在具体操作中难以把握。

第三，智能时代，票据不断发展更新，而有关票据的制度建设相对滞后。虽然中国人民银行陆续出台了一些规章制度，但在具体业务操作过程中出现的新情况很多都无据可依。

第四，业务人员对承兑汇票业务不是很熟悉，风险防范意识差。智能时代，银行的承兑汇票业务风险是来自多方面的，有市场风险、信用风险、操作风险等。在实际工作过程中，由于需要工作人员的主观判断，个别员工识假、辨假能力差，造成风险。另外，操作不规范会给银行带来巨大的损失。

1. 银行承兑汇票业务风险[①]

在智能时代，银行要做好承兑汇票业务的风险管控，首先要了解银行承兑汇票业务存在哪些风险，实践当中，银行承兑汇票业务主要有以下风险（见图4－3）。

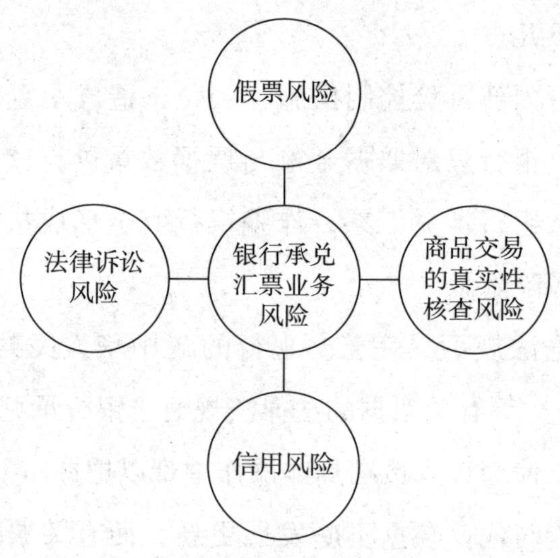

图4－3　银行承兑汇票业务风险

（1）假票风险。

随着互联网技术的发展，有些犯罪分子利用科技手段克隆票据，以假乱真，在兑付环节上，银行如果在审核和查询票据时稍有不慎，就会使犯罪分子得手，造成不可弥补的损失。另外，银行内如果出现内外勾结现象，就会有真票据、假行为的另一种意义上的“假票”，同样会造成重大损失。

---

① 资料来源：《内蒙古金融研究》2011年第2期《银行承兑汇票业务风险点及防范措施》，作者，孟磊，文中观点做了相应调整。

（2）商品交易的真实性核查风险。

银行承兑汇票的签发必须建立在真实的交易背景基础上。如果没有真实的商品交易作基础，实际上就是银行资金被企业套取。有些企业出于各种目的，会以虚假商品交易的方式获取银行承兑汇票，然后由持票人到银行办理贴现，贴现资金最后又回到出票企业，给银行承兑汇票业务带来风险。而且出票人签发银行承兑汇票，向开户银行提出承兑申请时，如果开户银行对出票人的商品交易合同、资信情况、偿债能力把关不严，为这种不真实的商品交易办理了银行承兑汇票业务，那么在银行承兑汇票到期后，极可能出现坏账，而使银行承兑汇票转为逾期贷款，形成不良资产。

（3）信用风险。

有的企业在欠其他单位货款时，虽然有足够的现金支付能力，但用银行承兑汇票结算，以缓解自身资金压力，节约财务费用。企业利用银行承兑汇票套取银行资金的现象日益增多，银行一时难辨真假，因而形成潜在风险。同时，各银行之间结算标准执行不一致，导致发生银行承诺违背现象。这种现象集中反映在两个方面：一是随意压票，个别银行对异地或跨系统的银行承兑汇票的解付拖而不付；二是无理拒付，一些银行对外地银行签发的银行承兑汇票制定出一套切实可行的“差别提现政策”，即针对不同信用情况的持卡人给予提现资费上、额度上的差别对待，这样就可以有效监控和引导善意持卡人通过正规途径取现，而发卡银行也可通过提供贷款收取利息。银行承兑汇票持有者在汇票到期后无法回收款项的风险也在逐步增大。

（4）法律诉讼风险。

银行承兑汇票可以进行背书转让，银行承兑汇票作为一种以银行信用支持的商业汇票，其生命力在于流动和转让。但是在票据流通转让的过程中，持票人对票据的认知不足或是在理解上有歧义，会使票据流通受阻。如出现票据背书不连续，难以确认持票人的汇票权利、未使用规定的背书印章、签章位置不准确等现象，使票据的流通性受人为因素的影响大打折扣。另外，如果银行承兑汇票办理贴现、再贴现、转贴现，银行承兑汇票都必须随债权变化而转移。但如果银行承兑汇票在转移过程中形成经济纠纷，就会使银行承兑汇票业务面临法律诉讼的风险。

2. 银行承兑汇票业务风险的防范措施

根据银行承兑汇票业务风险的种类，银行承兑汇票业务风险的防范措施如下。

（1）做好票据审核工作。

银行应从签发汇票的环节上控制承兑风险，建立银行承兑汇票信贷承办人负责制和审批制，承办人要认真审查承兑申请人的交易合同是否具有真实的商品交易关系；审查承兑申请人的资信情况，对符合条件、可以办理银行承兑汇票的申请人，必须签订银行承兑协议书，明确双方的权利、义务和责任，并且应该要求承兑申请人提供抵押担保。若该笔银行承兑汇票款项转为逾期，信贷承办人应承担相应的责任。

有些企业时常提供虚假报表，因无法提供足够有效担保，就采取互保、联保的形式，降低了支付能力，无法及时兑付到期承兑汇票，造成银行垫付资金，即企业将信用风险、经营风险转嫁给了银行。这就要求信贷调查人员在签发前深入实地查看企业账簿及报表，真实了解企业的经营状况、行业状况、发展前景及信用状况，并重点对申请企业的现金流量进行分析，同时对承兑到期时的现金流量进行预期分析，明确调查、审查相关责任人。银行应认真审查商品交易合同的真实性，检查其经济业主内容是否符合银行承兑汇票规定。

（2）利用互联网技术提高鉴别银行承兑汇票真假的能力。

银行应利用互联网技术和实地查询的手段，提高鉴别银行承兑汇票真假的能力，大力发展科学技术，采用特定仪器鉴别银行承兑汇票的真伪，降低肉眼判断的差错率，重点把握汇票用纸、颜色、暗记和规格四个方面的内容，最大限度地降低犯罪风险。其中，对于贴现业务，尤其是金额较大的银行承兑汇票贴现业务，银行除了通过系统进行查询外，应尽量对该票据业务的真伪进行实地查询，以排除风险、避免损失。[①]

（3）加强银行承兑汇票保证金管理。

据相关调查，不良贷款中有较大部分是银行承兑汇票垫款所致。银行承兑汇票保证金必须是出票人的自有资金，不得以贷款缴存保证金；不得逆程序先签发银行承兑汇票，后缴存保证金。

① 资料来源：http：//m. sohu. com/a/192144740－43429，《银行承兑汇票业务的风险防范措施有哪些?》，内容有删改。

这两种缴存保证金的方式都是严重的违规行为，使保证金失去了“保证”的功能，成了形式上的保证金。因此，足额缴存保证金是办理银行承兑汇票业务的一个重要环节，银行必须对以下几点进行重点关注。一是银行要关注企业是否有未按规定比例缴存保证金或缴存保证金比例偏低的现象。二是银行要关注企业如果未足额缴存保证金，不足部分提供的质押、抵押或第三方保证是否合法、有效，同时应关注质押票据的期限是否与承兑期限相匹配，是否存在担保企业担保能力不足，抵、质押物不符合相关规定，抵、质押手续办理不及时、不规范等现象，其中对于由关联企业担保或企业相互担保的，要确定担保合同是否有董事会同意的决议等。三是银行要关注企业是否存在以本行贷款作为签发银行承兑汇票的现象，或存在将贷款转为定期存款作为申请承兑的质押物的现象。四是银行要关注企业是否存在将承兑贴现资金作为保证金滚动签发银行承兑汇票现象。五是银行要关注保证金账户的保证金是否用于支付对应的到期银行承兑汇票、是否挪作他用、是否将保证金专户与出票人其他账户串用、是否提前支取保证金等。

（4）强化监管职能，加大处罚力度。

银行对各金融机构发生的违规问题要严肃批评，限期纠正。银行对以银行承兑汇票为由套取、诈骗银行资金的，要给予必要的处罚，对触犯法律的要依法追究刑事责任。此外，银行要加大对银行承兑汇票业务的管理力度，在授信管理上建立承兑的规模限制，从而削减银行信用扩大对货币政策的抵消作用，提高货币政策的有效性；坚持对大额授信银行承兑汇票业务集体讨论制，定期跟踪稽核制，使银行承兑汇票业务的风险防范关口转移。

（5）加强岗位制约，降低内部风险。

银行内部不相容岗位要相对独立，以此来减少协同作案的可能性。银行承兑汇票业务的调查、审查、审批人员与保管凭证、印章的人员要分离，形成内部制约，严格按照操作流程办理业务，从制度上保证风险得到控制，防患于未然。银行要强化承兑前、承兑中、承兑后等各个环节的风险防范，同时加强岗位风险、法律知识的培训，提高从业人员的业务素质、分析能力和风险防范意识，杜绝内部岗位设置不合理而引发的风险。

（6）避免循环签发银行承兑汇票，确保资金安全。

循环签发是指银行承兑汇票到期时，企业没有足够资金承付，于是在承兑行签发金额相同或相近的票据，企业进行贴现后，支付已经或即将到期的银行承兑汇票。产生这种现象的原因是企业流动资金不足，无法足额备足承付资金，通过这种方式借新还旧、长期占用银行资金，由短期融资行为演变为长期占用银行资金。为了杜绝循环签发银行承兑汇票现象，信贷人员要审查申请企业和关联企业在申请日前后是否有到期银行承兑汇票，对已到期和即将到期的银行承兑汇票的偿还意愿及偿还能力进行审查，并检查已办理的银行承兑汇票是否在短时间内进行了贴现，贴现资金流向是否又回到了出票单位；检查出票人、贴现人、收款人之间的关系，是否存在母子公司、总分公司、关联公司等，是否有在出票、贴现过程中双方或多方签订借款合同等现象；分析企业办理银行承兑汇票的用途，若发现承兑资金存在风险苗头，应及时采取措施，以确保银行不会发生垫款，形成不良资产。[①]

总之，只要银行与企业密切协作、相互配合，相关部门制定更为完善的法律制度，从引发各种票据风险的根源上寻求控制，就能达到防范风险的目的，也能促进银行承兑汇票业务的发展。

银行保函业务风险防范

保函业务是商业银行的重要业务之一，它对银行维护客户关系、创造中间业务收入有重要的作用。银行一些重要的工程施工、制造等客户，都有着大量的投标、履约、质量保证等方面的保函需求。而且，由于工程、贸易等活动中普遍存在买方市场的情况，银行和银行所珍视的客户就出具保函在与受益人的谈判中往往处于弱势。如何既控制法律风险，又服务好客户，及时高效地办理申请人满意、受益人认可的保函业务，树立良好的行业口碑，需要银行对公信贷的业务人员、法律工作人员共同努力。

银行保函业务可能具有以下几种风险。

第一，可能承担申请人的违约风险和效益风险。

若申请人资信不佳，不认真执行合同条款或未按时履约等，银行有可能因申请人的违约而遭到索赔；若申请人由于生产过程中原

① 资料来源：《现代经济信息》2011 年第 16 期《银行承兑汇票业务风险点及防范措施》，作者，余夏荷，内容有删改。

材料或电力供应不足，或管理不善，生产能力达不到设计要求，经济效益不高，担保行则可能因申请人无力还款而遭到索赔。

第二，可能会遭受受益人的不合理索赔。

根据保函的独立性，担保行开出保函的行为与受益人接受保函的行为，构成了两者之间不依附于合同而独立存在的一种新的合同关系，银行在保函项下的责任主要是保证在收到受益人递交的符合保函条款规定的索赔书及有关的单据后，向受益人支付一定的赔付金额。而在实际业务中，受益人往往只接受“见索即付”的保函，即受益人的索赔是无条件的，受益人可以仅凭一份声明书索赔而不需要其他佐证文件，如果实际上申请人已履行了合同，受益人仍有可能向担保行无理索赔。

第三，反担保人的信用风险。

反担保人的责任就是保证银行对外赔付后，在申请人无力偿还的情况下，补偿银行因履行担保责任而做出的任何支付。反担保人经营状况不佳导致资金偿还能力低下，或反担保人资信较差，不愿承担责任或推脱责任等，同样构成了担保行的信用风险。

银行要做好保函业务的风险防范，就要做好前期的审查工作、加强和完善保函的后期管理及落实反担保措施，如图4－4所示。

1. 做好前期的审查工作

（1）审查申请人。

受理申请人的委托之前，银行应依照保函性质审查申请人的资

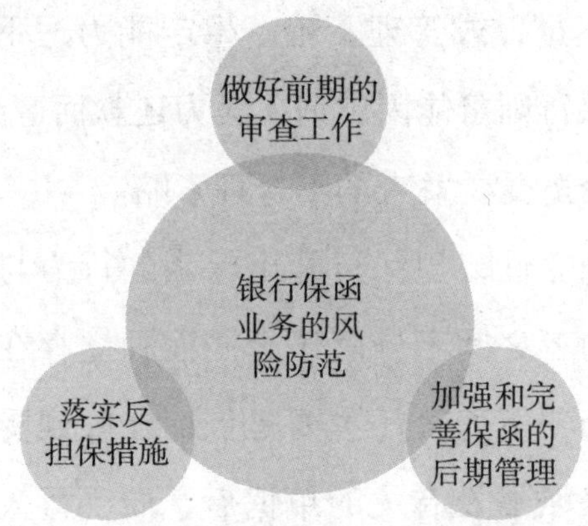

图 4－4　银行保函业务的风险防范

格。只有政府部门批准的企业才能委托银行办理借款保函；只有具备对外业务经营权的企业才能委托银行办理其他保函业务。银行要对企业的财务状况、管理水平等情况进行详细了解，再对申请人的履约能力和资信状况做出综合评价，由此决定是否对其出具保函。

（2）审查受益人。

受益人一般在国外，因此审查难度比较大。银行要力求从多个渠道获得协助，防治非法商人不合理的索赔要求，避免发生骗取赔偿金事件。

（3）审查项目。

原则上，担保项目必须是具备正确的投资方向、与国家产业政策相符合、有好的经济效益、发展前景广阔、对行业有一定影响力的项目。银行审查时要详细分析这个项目的发展趋势，评估其相关市场可能发生的变化，并预测在市场变化后，申请人的应变能力和承受能力，从而全面掌握保函可能承担的风险。对期限长、金额大的借款以及特殊贸易的保函，银行必须做项目评估，综合分析保函项目投资的必要性、可行性、实用性、经济效益、财务状况、项目资金来源、资金使用计划、商务合同等因素，总结成评估报告，作为保函业务的决策依据，从而规避风险。

（4）审查基础合约。

在理论上，保函是独立于合同的一种法律文件，保函项下的当事人只受保函条款的约束。但索赔是否发生、合同能否被正常执行是关键，因此，只有申请人签订的合同严谨、合理，申请人才能正常履约。

（5）审查保函条款。

保函也是完整的法律文件，在形式上和内容上都应遵循国际惯例，措辞必须严谨，避免受益人因措辞不严谨或含糊其词，对担保行不利。针对索赔提出的条件，担保行一定要把事实条件转化成单据条件，做到凭单付款。此外，担保行应重点审核保函本身的内容和条款，包括保函金额、有效期、预付款、保函的约束性条款等。

2. 加强和完善保函的后期管理

在保函的合同期内，担保行应不断深入企业，随时掌握企业的效益情况，掌握合同执行过程中发生的问题，了解企业内部人事变动等重要事件，考察企业履行保函条款相关的义务情况。若发现问题，应及时补救。此外，担保行必须要求企业及时提供各种财务报表，加强对负债指标、利润指标的分析，准确掌握企业的财务状况，以便能够及时督促、协助企业做好还款的准备。

3. 落实反担保措施

现阶段所用的反担保措施主要有三种形式，即收取保证金、物权抵押和信用反担保。

（1）收取保证金。

收取全额保证金是担保行最安全和最理想的方法，担保行应争取这种方式，但是大多数申请人的资金周转都不充足，没有足够的保证金。所以，这种方法应用不普遍。

（2）物权抵押。

做物权抵押时，首先，银行要审查抵押物。抵押物必须是抵押人所有的财产，或是合法经营管理的财产。其次，银行要审查抵押物权的合理性。担保人应要求相关部门对其抵押物进行证明，以防止同一财产被重复抵押的情况。再次，银行要审查抵押物作价现额。债券和存单可按照票面的金额作价，而变现能力差的其他财产则要依据抵押物的市场价格变化、现实情况、抵押时间的长短等确定作价现额，通常情况是要经过资产评估事务所或商检局等机构的评估，作出作价现额。最后，银行要完善相关的手续，签订《抵押担保合同》，经过登记或公证等程序以确立法律效力。

（3）信用反担保。

信用反担保是由第三方出具反担保函。首先，担保行要严格审查反担保人的资格。反担保单位必须是经济实体，不能是国家机关、社会团体或事业单位。另外，银行要对反担保单位的法人地位、经营范围、经济实力和经营状况等进行严格审查，其累计反担保资金不能比自身的自由资本多。其次，银行要严格审查反担保函。反担保函要对反担保人的责任和义务作出明确规定，并形成书面文件，使其合法化。反担保函中的付款条件和责任不能比银行对外担保的责任低，要特别说明反担保函具有不因机构或人事的改变而受影响的效力。特别是索赔发生时，担保行可直接扣划反担保人在担保行开设的账户内的资金，保证及时划付。最后，必须对反担保函进行公证。

银行卡业务风险管理

银行卡业务有两种，一种是借记卡业务，另一种是贷记卡业务。借记卡主要提供存取款和支付功能，被他人套取资金是此类卡的主要风险点，发卡行一般不存在风险；贷记卡除提供一般银行卡功能之外，还提供透支的功能，具有信用贷款和信用消费的功能，因此此类卡除存在来自银行卡本身的风险外，还存在信用贷款风险。在办理和使用上述两种银行卡业务时，存在的风险可以细分为信用风险、欺诈风险、操作风险和交易风险，如图 4－5 所示。

1. 信用风险

贷记卡业务容易发生信用风险。持卡人在一定信用额度内可凭卡到特约商户、银行网点、ATM 机（自动柜员机）上透支消费或取现，这实际上是发卡银行向持卡人提供的一定额度的短期贷款。银

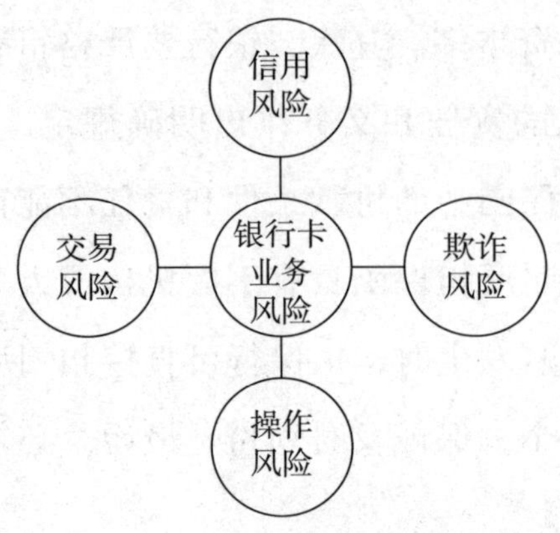

图 4-5　银行卡业务风险

行出现这种信用风险可能是因为持卡人无力还款或者恶意透支。

从银行方面来说，随着互联网的普及，一些商业银行为扩大业务规模，对客户授信把关不够严格，发卡对象范围过大，一些信用不过关的高风险人群没有被筛查出来，导致过度消费、透支炒股等高风险事件时有发生。再加上一些业务人员为了提高自己的业绩，向收入不稳定的人发放信用卡，为银行埋下了风险隐患。

从客户角度来说，客户为了短期资金和其他需求提供虚假的信息，从发卡行获得超过持卡人承受能力的信用额度，再加上一些持卡人不能准确把握好自己的财务收支，到期无法按时还款，从而造成了信用风险。还有一些持卡人在多家银行办理信用卡，从每家银行取得信用额度来满足自己的资金需求，但这些信用额度远远超出了持卡人的偿还能力，一旦持卡人的资金链断裂，其将无法按期偿还信用卡透支金额，同样会造成信用风险。这种情况更会殃及多家发卡银行。

美国的信用卡危机给美国银行业造成了大量的坏账，使银行损失严重。我国银行一定要提前规避或者降低信用卡风险。

2. 欺诈风险

银行卡业务是通过电子数据的划拨来完成货币支付的一种交易，交易流程复杂，涉及发卡行、受理行、特约商户、持卡人、银行卡清算组织等多方，关系也十分复杂，每一个环节都暗藏风险。一些不法分子借助高科技，通过伪卡欺诈、POS 机（销售点终端机）套现或转账等违法犯罪活动，给银行卡业务带来了很大的风险，直接危及银行和客户的资金安全。随着互联网的发展和社会信息化程度的不断提高，利用银行卡欺诈风险获利的手段不断升级、手法不断翻新、方式更加隐蔽，有向互联网支付、移动支付等创新业务领域渗透的趋势。例如，不法分子利用网络购物平台进行虚假交易套现，利用钓鱼网站和网上设置盗号木马程序获取持卡人信息和密码制作伪卡，利用交易劫持程序直接转移交易资金，利用电话号码和手机短信诈骗。银行卡的各类风险中，欺诈风险是目前最严重、危害最大的一类风险。

3. 操作风险

操作风险是指银行工作人员和特约商户违规操作或操作失误而造成银行资金损失的风险，主要表现为特约商户 POS 机操作员在刷卡消费时不核对持卡人的身份证件及预留签名，导致持卡人资金损失；银行内部工作人员利用职务之便，与不法分子勾结、串通作案，引起发卡行或客户资金损失等。而银行内部人员泄露或贩卖银行卡持有人信息，是近年来新暴露的操作风险。与欺诈风险和中介交易风险相比，虽然操作风险所引发的案件不具有普遍性，但是由于是内部专业人员作案，手段更加隐蔽、周期更长，对银行声誉的影响也更严重。

4. 交易风险

此类风险主要是指利用银行卡交易从事非法犯罪行为所引发的交易风险，表现为部分不法商户提供信用卡套现交易，利用银行卡国际支付清算网络的便利性为洗钱等犯罪活动提供便利。目前，很多以洗钱为目的而开设的公司或被利用洗钱的企业单位，往往通过国际贸易的方式在其银行卡账户上进行正常业务经营货款及费用的开支，使银行卡账户上发生透支，然后通过现金还款的方式归还银行卡账户所欠的本金和利息。非法收入通过国际支付清算网络在境外归集，从而达到洗钱的目的。另外，从公安机关破获的几起重大电话银行卡诈骗案件来看，犯罪集团都是境内作案、境外归集非法收入。

银行要做好银行卡业务风险管理，就要完善银行卡业务制度、规范银行卡业务流程。

银行在完善银行卡业务内控制度时，首先要对银行卡申请人进行资料审核，核实申请人的收入、资产及相关证明资料，严格按照业务流程操作。在调查的基础上，要充分运用人民银行的信贷征信系统、银联不良信息查询系统、信用卡评估系统、公民身份证查询系统，加强风险监控，提高发卡质量。其次，银行要建立银行卡超限额业务交易金额冻结程序，有效防范金融诈骗。当客户银行卡通过电子平台办理业务交易金额超过缓冲额度，同时没有申请提高业务额度时，银行对该账户可以进行短时间（48 小时）电子平台账户冻结，通知开户网点与客户核实业务真伪，有效防范不法分子使用伪卡通过 ATM 机、POS 机等盗窃客户资金。最后，银行要进一步建立健全内控机制，根据银行卡种的属性、业务种类及其风险特点设计相应的业务规章制度和操作程序。各行应从各类风险事件中吸取教训，建立有效的内部监督机制，确保内控制度的落实，把银行卡业务的审计工作纳入银行内部审计工作的整体计划中，结合案件专项治理工作，建立银行风险管理的长效机制。

银行要规范银行卡业务流程。银行卡是个人金融业务的综合平台，大力发展银行卡业务对于改善银行的资产质量、提高银行的资本报酬率具有重要意义。随着银行卡受理环境的进一步改善，我国银行卡业务已经进入迅猛发展时期。当前，如何更好地发展银行卡业务，已成为各家商业银行关注的焦点。银行应关注以下内容：第一，告知申请人勿将个人身份证借给他人使用和保管，勿将身份证或复印件交给非银行工作人员申办银行卡，申办银行卡时提供的身份证复印件正面应注明此件的特定用途并限定时间，防止不法分子冒用他人身份证办理信用卡；第二，加强发卡风险前置控制机制，要进一步强化信用卡申请表受理环节管理，严格按照银行卡操作规定调查、审核申请人资料，受理环节严格落实银行卡账户实名制，严格按照业务规定对申请人进行身份联网核查，保存联网核查记录，确保客户身份的真实性及档案资料的完整性；第三，取消不科学的银行卡发卡激励办法，废止效率低、风险大、违背内控基本原则的银行卡经营方式，按照权利与责任相匹配的原则，划清营销环节与授信等审查环节的职责，令其各自承担应负责任，改变目前营销责任与风险责任基本脱钩的模式，营销人员必须对客户资信的真实性负主要责任；第四，加强协作，建立健全银行卡风险防范合作机制，加强与银联、公安机关的合作与沟通，建立良好的信息共享机制，通过“银行卡风险信息共享系统”，将已确认的不良持卡人、商户名单及时上报该系统，以实现信息共享，达到共同防范风险的目的，全面提高银行卡的风险管理水平。

印章、重要空白凭证、尾箱的风险预防

银行要做好风险管理，除了做好前文所说的几种常见的风险管理工作外，还要做好印章、重要空白凭证、尾箱的风险预防工作。

1. 商业银行印章管理的风险预防①

随着互联网技术的不断提高，金融体制改革不断加深，我国商业银行迎来更多发展机遇的同时，也面临着更大的挑战。由于客户数量日益增多、业务范围扩大、各类业务指标考核增多，商业银行应对的风险也越来越多。印章管理风险，主要表现在以下三个方面。

其一，在实际工作中，虽然针对行政、业务印章等保管、使用

① 资料来源：http：//www. jinchutou. com/p－42313284. html，《商业银行印章科技管理论文》，内容有删改。

方面都做出了明确的规定，但是，仍有一部分人员在保管、使用印章时，管理意识淡薄。由于大家都是行里的熟人，为了节省时间，在使用印章时没有坚持按规定操作流程用印，给银行资金带来了风险。例如，在很多用印材料里夹带其他材料用印。

其二，印章管理人员没有风险意识，被别有用心的人利用，在不知道的情况下让人偷盖印章，给银行造成了损失。2004 年 11 月至 2005 年 2 月，某银行某支行行长多次让印章保管人员拿公章到其办公室，然后以让印章保管人员再去取份文件等理由把印章保管人员支走，私自在事先准备好的假保函上盖印，违规为 3 个项目出具 6 份保函，涉及金额达 10707 万元。

其三，在管理印章方面，仍然坚持手工操作，对于印章具体保管使用情况，相关部门仅能够采取现场检查及抽查的方式了解，无形中增加了管理难度。另外，在加盖印章之前，不能够进行有效的审核，在一定程度上增加了印章的管理风险。因此，加强实施印章科技管理势在必行。

商业银行印章管理风险预防主要从以下几方面进行。

第一，做好印章流程管理。印章管理应该实行双人保管，任何一个人都无法取到印章，执印人员一人负责具体盖印或操作设备用印，另一人负责开启保险柜的密码或保管钥匙。用印必须坚持审批制，法律性文件还要经过监印人审批后，执印人员才能实施用印。

第二，人章不一致原则。传统印章管理方式主要靠人工，难以有效掌控风险。因此，积极推广人章分离管理方法十分必要。通过利用科技智能系统中的控制机将印章封闭在硬件设备当中，避免人员直接接触到印章，保管人员也不能将印章带离，从而有效避免人为作案的风险。

第三，做好监督工作。为了实现对印章的有效监控，银行可以利用科技智能系统当中的可追溯印控机实现对印章加盖的影像进行采集，并将图像传输到系统数据库当中，存储备份。不仅如此，智能系统引进的影像系统精度较高，且具有紫外线防伪识别技术，在银行人员使用印章时，能够及时采集到相关图像，并存储到日志中，时间精确到秒，从而为印章监控提供支持。

第四，推广联机认证。积极推广联机认证能够营造良好的印章使用环境，在印章使用过程中，只有通过联机认证，才能够使用，避免随意启用设备的风险。联机认证主要通过指引控机，连接终端或者 PC（个人计算机），保管人员登录印控机软件管理系统进行后台认证后才能使用印控机，否则，印控机将无法正常使用。通过这种方式，银行不仅能够了解到印章状态，还能够明确印章具体使用情况。

第五，重视影像识别。在防范印章管理风险过程中，通过获取影像信息，与数据库中预先存储的数据信息进行对比，在匹配情况下，予以盖章，相反，则报警提示，从而提高印章的安全性和稳定性。

第六，加强远程监督。利用印章远程授权影像采集功能，能够突破以传统方式用印章的局限性，实现远程授权、分级授权，有效节省时间，提高工作效率和质量。远程终端对用印情况进行审核，只有授权才能够加盖印章；相反，则不予加盖印章。另外，智能系统能够实现远程设定印章位置及实施盖章操作，从而有效避免人为因素对印章造成的不良影响。

第七，实行指纹登录。登录是限制识别使用人员身份的关键，使用人员通过录入指纹，在使用之前进行指纹识别方可登录使用，且智能系统中利用的生物识别技术，具有灵活性和准确性等特征，规避了使用中的随意性风险。

第八，做好印章管理。为了完善印章的科技化管理，可以开发印章申请、下发及销毁等管理模块，结合商业银行具体工作内容，设计不同的流程。在印章制作完成后，按照系统流程进行审批等处理。最后，将印章存入印控机中，与此同时，销毁印章，系统记录整个流程，认真落实好每个环节，避免印章丢失等情况发生。

2. 重要空白凭据的风险预防①

银行重要空白凭证是指无面额的经银行、其他金融机构或单位填写金额并签章后即具有支付效力的空白凭证，包括转账支票、现金支票、银行汇票、银行本票、贷记凭证等，是广义的票据，包含了票据法中阐明的所有法律特征。它是资金结算、信用保证的重要工具，是连接社会资金活动的桥梁和纽带，是银行资金结算工具的主要载体。金融机构重要空白凭证是无形的钞票、资金流动的载体、引发风险的重点。加强重要空白凭证管理，是保障银行资金安全和

---

①　资料来源：http：//www.wodefanwen.com/lhd－4b59g588nm4mn0g1luf6_1.html，《关于银行重要空白凭证管理的几点思考》，内容有删改。

加快社会资金高效运转的重要手段。重要空白凭证对银行来说就似一张无形的“印钞机”，它所产生的额度是无限的，可以使上百万元、上千万元的资金成为现实。从近几年来银行内发生的经济案件来看，大多数问题都出现在重要空白凭证的管理上。因此，加强银行重要空白凭证的管理，切实防范业务风险，是当前银行日常管理工作中不可忽视的一项重要工作。

银行重要空白凭据管理存在的问题如下。

(1) 制度执行不严格，凭证领用、调拨未按业务流程操作。

重要空白凭证管理制度要求对重要空白凭证管理实行“专人管理，专库保管”。但从实际工作来看，违规操作、逆程序管理的行为时有发生。究其原因是执行制度不严格、不认真。有的银行虽然设定了岗位职责和业务操作规程，但没有真正落到实处，制度形同虚设。

(2) 员工风险意识淡薄。

部分员工的责任心不强，少数员工对工作不认真负责，致使重要空白凭证的管理、使用出现问题。对重要空白凭证要每日账实核对，而且必须做到“用的不管，管的不用”。但在实际工作中，个别银行员工不严格执行综合业务系统操作规程，违规操作问题时有发生。临柜人员领用重要空白凭证时，没有对领用的凭证逐份清点，未控制重要凭证领用数量；当业务繁忙时，未按规定当面交接重要空白凭证而通过柜员传递；柜员休息交接时，交接柜员对重要空白凭证没有进行认真核对，只在交接登记簿上签字认可，出现问题后相互推诿；临柜人员对外营业前及营业终止前未逐份盘点重要空白凭证；临柜人员营业时间临时离岗时没有将凭证放入抽屉或箱内加锁保管的情况时有发生。

（3）重要空白凭证盘点制度执行不到位，存在失察现象。

按照规定，银行会计主管应每旬不定期核对重要空白凭证的库存数并对重要空白凭证的使用、保管情况进行全面检查；银行领导、分管领导应每月不定期对临柜人员的重要空白凭证进行实地盘点，查看账实是否相符。但从实际情况来看，有的主管会计或行长会漏盘网点或柜员，没有做到逐份盘点，常规检查流于形式，从而造成失察现象发生。

（4）业务操作不符合规定，存在漏管现象。

个别银行综合柜员出售重要凭证时没有对加盖全部预留印鉴进行验印核查，单位剩余空白支票交回银行时未及时注销；对需手工销号的凭证销号不及时，存在当天漏销等情况。这会造成表外科目分户账日期不同步，以及账实不符，成为重要空白凭证管理的死角。

基于银行重要空白凭据存在的问题，银行可以通过以下方法，预防空白凭证带来的风险。

第一，严格执行业务操作规程，必须做到重要空白凭证专人负责、专人管理，坚持保管人与使用人分离的制度，保管人对领入的重要空白凭证核对无误后要入库保管。严格执行综合业务系统操作规程。要控制重要凭证领用数量，使用人领取凭证时，要仔细检查起止号码，核实无误后方可在系统中录入，手工凭证使用要销号，销号按顺序。有关部门要加强指导和监督，特别是对综合业务系统不能自动销号的重要空白凭证要进行重点检查，及时发现并纠正问题，消除各种隐患，使重要空白凭证的管理和操作制度化、程序化、规范化。

第二，增强员工的风险防范意识，牢固树立“以人为本”的管理理念，加强对员工的教育和管理，经常开展法规法纪、党风廉政教育以及警示教育，进一步强化法律意识、爱岗敬业意识和安全责任感。银行员工要牢固树立风险观念和忧患意识，加大宣传教育工作力度，有针对性地进行案例宣传教育、职业道德教育、法纪和理想前途教育，增强干部员工的拒腐防变能力。通过岗位练兵、技能培训，提高员工的工作能力和思想素质，特别是要关注重要岗位人员的思想动态和行为，做好风险的预防工作。各级领导干部和经办人员必须提高对重要空白凭证管理重要性的认识，在工作中切实加强对重要空白凭证的管理，增强安全防范意识。

第三，加大制度执行力度。银行是内控机制的主体，制度执行是关键。银行要认真执行重要空白凭证管理制度，做到一丝不苟，使制度执行不形同虚设，不流于形式，对不按制度操作、违规操作的，一经发现要严肃处理。同时，在日常工作中，要加强各部门对制度执行情况的定期检查工作，发现问题及时解决，使各项制度真正起到内控作用。

第四，强化人员监督作用。会计主管要把对重要空白凭证进行账实核对，作为日常工作的组成部分，常抓不懈。要严格审查当月发生的重要空白凭证的使用、出售、销号情况，并仔细检查当月凭证是否按规章操作，手续是否齐全，登记是否认真、完整和正确，确保账务核对“六相符”。分管领导要定期对重要空白凭证实地盘点，专业部门要按季检查并做好登记，及时发现问题，督促有关部门进行整改。

银行重要空白凭证是会计核算工作的重要组成部分，是办理结算业务的重要金融工具。特别是在科学技术高度发展的今天，潜在的银行结算风险日益增大，一些不法分子利用虚假重要单证进行金融诈骗屡屡得手。因此，加强银行重要空白凭证的管理显得尤为重要，银行一定要加强环节控制、严格管理制度、加大检查力度，有效控制风险。

3. 尾箱的风险预防

尾箱交接，是银行基层工作人员日常工作的一部分，也是基层工作的关键风险点之一。尾箱交接责任重大，不容疏漏。随着互联网的发展，银行业务也迅速发展，在银行运钞车的尾箱交接、尾箱入库的过程中容易产生风险，如 2014 年香港运钞车掉钱案，2015 年，上海某银行一押运款箱被撬，110 万元现金被窃。银行要想预防尾箱风险，就要对尾箱出入库、网点人员交接、车辆到达等一系列流程实施管理。在实际尾箱交接工作当中，银行要把确认身份、清点数量、检查落锁等细节落实到位，不让其流于形式，才能预防尾箱交接的风险。

（1）确认交接人员的身份。

在尾箱的交接时，一定要先确认交接人员的身份，包括确认交接车辆信息。例如，车型是否属实，车牌号码是否正确。在确认交接人员的身份时，一定要注意看其佩戴的胸牌是否与其身份相符，以及胸牌是否真实。这里需要注意的是，在确认交接人员身份的时候，一定要注意检查其佩戴的证件，不能仅凭“刷脸”就判断其是否为交接的对象。核对交接人员的身份信息、核对车辆信息是做好尾箱交接工作的首要环节，如果做不好，就会给银行带来风险。

（2）清点尾箱数量。

不同的银行，尾箱的数量也不一样。在尾箱交接时，一定要向交接部门核实尾箱的数量，然后再清点尾箱的数量，千万不要只是目测一下尾箱的数量。如果交接人员不确认尾箱的数量，当目测和实际数量不一致时，不当交接双方都有责任，这也会给银行带来损失。

（3）检测尾箱落锁。

每个尾箱上面都有两把锁，一般由现金柜员业务主管和柜员双人落锁。在进行尾箱交接的时候，交接人员还需要做的一件事情就是检测尾箱是否落锁。或许有的交接人员认为尾箱落锁是柜台业务人员的事情，或者柜台业务人员不可能不落锁，所以没有必要再进行检测。俗话说“小心驶得万年船”，检查尾箱是否落锁，看似一件小事，其实非常重要。假如柜台人员疏忽，尾箱没有上锁，在检查时被发现，就能够避免给银行造成巨大损失的可能。

总之，银行加强印章、重要空白凭证、尾箱的风险预防，能够降低银行发生损失风险的机会，确保银行的现金安全。

第五章

职业操守——风险防范的关键因素

银行业职业操守的内在要求

银行业职业操守是银行工作人员在工作中所遵守的行为规范的总和。它既是对银行工作人员在工作中的行为要求，又是对社会所承担的道德、责任和义务。银行从业人员，必须具备良好的职业操守，否则不但不利于自己的事业，也会给银行带来风险。

银行业与其他行业存在很大的不同，因此其对从业人员的职业操守要求也不同于其他行业。下面是银行业从业人员职业操守，各银行要严格按照职业操守的要求来选人、用人。

为规范银行业从业人员的职业行为，提高中国银行业从业人员整体素质和职业道德水准，中国银行业协会第六次会员大会 2007 年 2 月 9 日审议通过了《银行业从业人员职业操守》（简称《职业操守》）。这是中国银行业首部系统、完整的职业操守规定。其内容如下。[①]

---

① 《银行业从业人员职业操守》，https：//www. china – cba. net/Index/show/catid/16/id/650. html，2017 – 02 – 12。

第一章 总则

第一条 ［宗旨］

为规范银行业从业人员职业行为，提高中国银行业从业人员整体素质和职业道德水准，建立健康的银行业企业文化和信用文化，维护银行业良好信誉，促进银行业的健康发展，制定本职业操守。

第二条 ［从业人员］

本职业操守所称银行业从业人员是指在中国境内设立的银行业金融机构工作的人员。

第三条 ［适用］

银行业从业人员应当遵守本职业操守，并接受所在机构、银行业自律组织、监管机构和社会公众的监督。

第二章 从业基本准则

第四条 ［诚实信用］

银行业从业人员应当以高标准职业道德规范行事，品行正直，恪守诚实信用。

第五条 ［守法合规］

银行业从业人员应当遵守法律法规、行业自律规范以及所在机构的规章制度。

第六条 ［专业胜任］

银行业从业人员应当具备岗位所需的专业知识、资格与能力。

第七条 ［勤勉尽职］

银行业从业人员应当勤勉谨慎，对所在机构负有诚实信用义务，切实履行岗位职责，维护所在机构商业信誉。

第八条　［保护商业秘密与客户隐私］

银行业从业人员应当保守所在机构的商业秘密，保护客户信息和隐私。

第九条　［公平竞争］

银行业从业人员应当尊重同业人员，公平竞争，禁止商业贿赂。

第三章　银行业从业人员与客户

第十条　［熟知业务］

银行业从业人员应当加强学习，不断提高业务知识水平，熟知向客户推荐的金融产品的特性、收益、风险、法律关系、业务处理流程及风险控制框架。

第十一条　［监管规避］

银行业从业人员在业务活动中，应当树立依法合规意识，不得向客户明示或暗示诱导客户规避金融、外汇监管规定。

第十二条　［岗位职责］

银行业从业人员应当遵守业务操作指引，遵循银行岗位职责划分和风险隔离的操作规程，确保客户交易的安全，做到：

（一）不打听与自身工作无关的信息；

（二）除非经内部职责调整或经过适当批准，不为其他岗位人员代为履行职责或将本人工作委托他人代为履行；

（三）不得违反内部交易流程及岗位职责管理规定将自己保管的印章、重要凭证、交易密码和钥匙等与自身职责有关的物品或信息交与或告知其他人员。

第十三条　［信息保密］

银行业从业人员应当妥善保存客户资料及其交易信息档案。在受雇期间及离职后，均不得违反法律法规和所在机构关于客户隐私保护的规定，透露任何客户资料和交易信息。

第十四条　［利益冲突］

银行业从业人员应当坚持诚实守信、公平合理、客户利益至上的原则，正确处理业务开拓与客户利益保护之间的关系，并按照以下原则处理潜在利益冲突：

（一）在存在潜在冲突的情形下，应当向所在机构管理层主动说明利益冲突的情况，以及处理利益冲突的建议；

（二）银行业从业人员本人及其亲属购买其所在机构销售或代理的金融产品，或接受其所在机构提供的服务之时，应当明确区分所在机构利益与个人利益。不得利用本职工作的便利，以明显优于或低于普通金融消费者的条件与其所在机构进行交易。

第十五条　［内幕交易］

银行业从业人员在业务活动中应当遵守有关禁止内幕交易的规定，不得将内幕信息以明示或暗示的形式告知法律和所在机构允许范围以外的人员，不得利用内幕信息获取个人利益，也不得基于内幕信息为他人提供理财或投资方面的建议。

第十六条　［了解客户］

银行业从业人员应当履行对客户尽职调查的义务，了解客户账户开立、资金调拨的用途以及账户是否会被第三方控制使用等情况。

同时，应当根据风险控制要求，了解客户的财务状况、业务状况、业务单据及客户的风险承受能力。

第十七条　［反洗钱］

银行业从业人员应当遵守反洗钱有关规定，熟知银行承担的反洗钱义务，在严守客户隐私的同时，及时按照所在机构的要求，报告大额和可疑交易。

第十八条　［礼貌服务］

银行业从业人员在接洽业务过程中，应当衣着得体、态度稳重、礼貌周到。对客户提出的合理要求尽量满足，对暂时无法满足或明显不合理的要求，应当耐心说明情况，取得理解和谅解。

第十九条　［公平对待］

银行业从业人员应当公平对待所有客户，不得因客户的国籍、肤色、民族、性别、年龄、宗教信仰、健康或残障及业务的繁简程度和金额大小等方面的差异而歧视客户。

对残障者或语言存在障碍的客户，银行业从业人员应当尽可能为其提供便利。

但根据所在机构与客户之间的契约而产生的服务方式、费率等方面的差异，不应视为歧视。

第二十条　［风险提示］

向客户推荐产品或提供服务时，银行业从业人员应当根据监管规定要求，对所推荐的产品及服务涉及的法律风险、政策风险以及市场风险等进行充分的提示，对客户提出的问题应当本着诚实信用的原则答复，不得为达成交易而隐瞒风险或进行虚假或误导性陈述，并不得向客户做出不符合有关法律法规及所在机构有关规章制度的承诺或保证。

第二十一条 ［信息披露］

银行业从业人员应当明确区分其所在机构代理销售的产品和由其所在机构自担风险的产品，对所在机构代理销售的产品必须以明确的、足以让客户注意的方式向其提示被代理人的名称、产品性质、产品风险和产品的最终责任承担者、本银行在本产品销售过程中的责任和义务等必要的信息。

第二十二条 ［授信尽职］

银行业从业人员应当根据监管规定和所在机构风险控制的要求，对客户所在区域的信用环境、所处行业情况以及财务状况、经营状况、担保物的情况、信用记录等进行尽职调查、审查和授信后管理。

第二十三条 ［协助执行］

银行业从业人员应当熟知银行承担的依法协助执行的义务，在严格保守客户隐私的同时，了解有权对客户信息进行查询、对客户资产进行冻结和扣划的国家机关，按法定程序积极协助执法机关的执法活动，不泄露执法活动信息，不协助客户隐匿、转移资产。

第二十四条 ［礼物收送］

在政策法律及商业习惯允许范围内的礼物收、送，应当确保其价值不超过法规和所在机构规定允许的范围，且遵循以下原则：

（一）不得是现金、贵金属、消费卡、有价证券等违反商业习惯的礼物；

（二）礼物收、送将不会影响是否与礼物提供方建立业务联系的决定；或使礼物接受方产生交易的义务感；

（三）礼物收、送将不会使客户获得不适当的价格或服务上的优惠。

第二十五条 ［娱乐及便利］

银行业从业人员邀请客户或应客户邀请进行娱乐活动或提供交通工具、旅行等其他方面的便利时应当遵循以下原则：

（一）属于政策法规允许的范围以内，并且在第三方看来，这些活动属于行业惯例；

（二）不会让接受人因此产生对交易的义务感；

（三）根据行业惯例，这些娱乐活动不显得频繁，且价值在政策法规和所在机构允许的范围以内；

（四）这些活动一旦被公开将不至于影响所在机构的声誉。

第二十六条 ［客户投诉］

银行业从业人员应当耐心、礼貌、认真处理客户的投诉，并遵循以下原则：

（一）坚持客户至上、客观公正原则，不轻慢任何投诉和建议；

（二）所在机构有明确的客户投诉反馈时限，应当在反馈时限内答复客户；

（三）所在机构没有明确的投诉反馈时限，应当遵循行业惯例或口头承诺的时限向客户反馈情况；

（四）在投诉反馈时限内无法拿出意见，应当在反馈时限内告知客户现在投诉处理的情况，并提前告知下一个反馈时限。

第四章　银行业从业人员与同事

第二十七条　［尊重同事］

银行业从业人员应当尊重同事，不得因同事的国籍、肤色、民族、年龄、性别、宗教信仰、婚姻状况或身体健康或残障而进行任何形式的骚扰和侵害。禁止带有任何歧视性的语言和行为。

尊重同事的个人隐私。工作中接触到同事个人隐私的，不得擅自向他人透露。

尊重同事的工作方式和工作成果，不得不当引用、剽窃同事的工作成果，不得以任何方式予以贬低、攻击、诋毁。

第二十八条　［团结合作］

银行业从业人员在工作中应当树立理解、信任、合作的团队精神，共同创造，共同进步，分享专业知识和工作经验。

第二十九条　［互相监督］

对同事在工作中违反法律、内部规章制度的行为应当予以提示、制止，并视情况向所在机构，或行业自律组织、监管部门、司法机关报告。

第五章　银行业从业人员与所在机构

第三十条　［忠于职守］

银行业从业人员应当自觉遵守法律法规、行业自律规范和所在机构的各种规章制度，保护所在机构的商业秘密、知识产权和专有技术，自觉维护所在机构的形象和声誉。

第三十一条　［争议处理］

银行业从业人员对所在机构的纪律处分有异议时，应当按照正常渠道反映和申诉。

第三十二条 ［离职交接］

银行业从业人员离职时，应当按照规定妥善交接工作，不得擅自带走所在机构的财物、工作资料和客户资源。在离职后，仍应恪守诚信，保守原所在机构的商业秘密和客户隐私。

第三十三条 ［兼职］

银行业从业人员应当遵守法律法规以及所在机构有关兼职的规定。

在允许的兼职范围内，应当妥善处理兼职岗位与本职工作之间的关系，不得利用兼职岗位为本人、本职机构或利用本职为本人、兼职机构谋取不当利益。

第三十四条 ［爱护机构财产］

银行业从业人员应当妥善保护和使用所在机构财产。遵守工作场所安全保障制度，保护所在机构财产，合理、有效运用所在机构财产，不得将公共财产用于个人用途，禁止以任何方式损害、浪费、侵占、挪用、滥用所在机构的财产。

第三十五条 ［费用报销］

银行业从业人员在外出工作时应当节俭支出并诚实记录，不得向所在机构申报不实费用。

第三十六条 ［电子设备使用］

银行业从业人员应当遵守法律法规及所在机构关于电子信息技术设备使用的规定以及有关安全规定，并做到：

（一）按照有关规定安装使用各类安全防护系统，不在电子设备上安装盗版软件和其他未经安全检测的软件；

（二）不得利用本机构的电子信息技术设备浏览不健康网页，下载不安全的、有害于本机构信息设备的软件；

（三）不得实施其他有害于本机构电子信息技术设备的行为。

第三十七条　［媒体采访］

银行业从业人员应当遵守所在机构关于接受媒体采访的规定，不擅自代表所在机构接受新闻媒体采访，或擅自代表所在机构对外发布信息。

第三十八条　［举报违法行为］

银行业从业人员对所在机构违反法律法规、行业公约的行为，有责任予以揭露，同时有权利、义务向上级机构或所在机构的监督管理部门直至国家司法机关举报。

第六章　银行业从业人员与同业人员

第三十九条　［互相尊重］

银行业从业人员之间应当互相尊重，不得发表贬低、诋毁、损害同业人员及同业人员所在机构声誉的言论，不得捏造、传播有关同业人员及同业人员所在机构的谣言，或对同业人员进行侮辱、恐吓和诽谤。

第四十条　［交流合作］

银行业从业人员之间应通过日常信息交流、参加学术研讨会、召开专题协调会、参加同业联席会议以及银行业自律组织等多种途径和方式，促进行业内信息交流与合作。

第四十一条 ［同业竞争］

银行业从业人员应当坚持同业间公平、有序竞争原则，在业务宣传、办理业务过程中，不得使用不正当竞争手段。

第四十二条 ［商业保密与知识产权保护］

银行业从业人员与同业人员接触时，不得泄露本机构客户信息和本机构尚未公开的财务数据、重大战略决策以及新的产品研发等重大内部信息或商业秘密。

银行业从业人员与同业人员接触时，不得以不正当手段刺探、窃取同业人员所在机构尚未公开的财务数据、重大战略决策和产品研发等重大内部信息或商业秘密。

银行业从业人员与同业人员接触时，不得窃取、侵害同业人员所在机构的知识产权和专有技术。

第七章 银行从业人员与监管者

第四十三条 ［接受监管］

银行业从业人员应当严格遵守法律法规，对监管机构坦诚和诚实，与监管部门建立并保持良好的关系，接受银行业监管部门的监管。

第四十四条 ［配合现场检查］

银行业从业人员应当积极配合监管人员的现场检查工作，及时、如实、全面地提供资料信息，不得拒绝或无故推诿，不得转移、隐匿或者毁损有关证明材料。

第四十五条 ［配合非现场监管］

银行业从业人员应当按监管部门要求的报送方式、报送内容、报送频率和保密级别报送非现场监管需要的数据和非数据信息，并建立重大事项报告制度。

银行业从业人员应当保证所提供数据、信息完整、真实、准确。

第四十六条 [禁止贿赂及不当便利]

银行从业人员不得向监管人员行贿或介绍贿赂，不得以任何方式向监管人员提供或许诺提供任何不当利益、便利或优惠。

第八章 附则

第四十七条 [惩戒措施]

对违反本职业操守的银行业从业人员，所在机构应当视情况给予相应惩戒，情节严重的，应通报同业。

第四十八条 [解释机构]

本职业操守由中国银行业协会负责解释。

第四十九条 [生效日期]

本职业操守自中国银行业协会第六次会员大会审议通过之日起生效。

中国银行业协会负责人说，《职业操守》的制定旨在提倡高标准的职业道德行业规范，弘扬诚信、合规、尽职等职业价值理念，提高银行业从业人员整体素质和职业道德水准。《职业操守》充分借鉴国外同业操守的经验，并深入调研了国内银行职业操守的现状。

《职业操守》当中，对银行从业人员应该遵守的行为规范和应该承担的社会责任做出了明确、详细的要求。在实践当中，银行不但要让员工遵守职业操守，还应该把职业操守与风险、内控、管理相结合，把职业道德教育与培养员工对本行的忠诚度结合起来，把职业道德教育同学习先进典型结合起来。

工作的目的

无论从事任何工作，其目的不外乎满足自身的需求。根据美国心理学家亚伯拉罕·马斯洛的需求层次理论，人类的需求可以分为生理需求、安全需求、社交需求、尊重需求、自我实现需求。

马斯洛认为，人类的需求取决于他已经得到的东西，只有尚未得到的需求能够影响行为。也就是说，已经满足了的需求对于人们不会再有激励作用。人们的需求具有层次性，在一种较低层次的需求得到满足后，另一种稍高层次的需求就会出现。如果人的一切需求都没有得到满足，那么满足最主要的需求就会比满足其他需求迫切。只有排在前面的需求得到满足后，后面的需求才显得重要。

根据马斯洛的需求层次理论，人最基本的需求就是生理需求。所以，工作的首要目的就是满足生理需求，银行工作人员也不例外。事实也是如此，如果一个人食不果腹、衣不蔽体，他根本不会考虑更高层次的需求。

如果银行能够不断满足员工的需求，就会提高员工的工作积极性，从而使银行的发展更加顺利。银行满足员工需求的方法如图 5－1 所示。

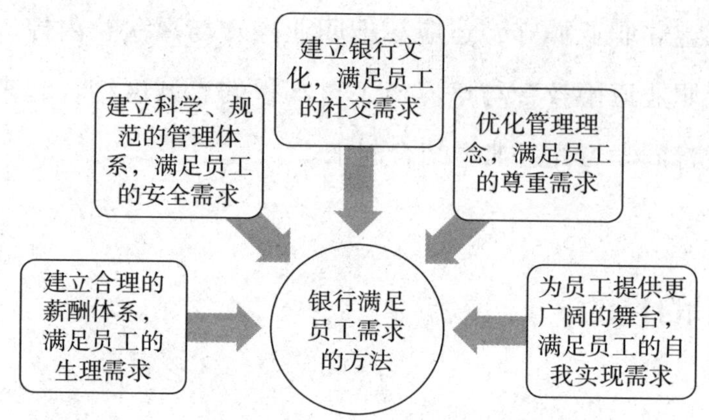

图5-1 银行满足员工需求的方法

1. 建立合理的薪酬体系，满足员工的生理需求

薪酬收入作为员工生活的基本保障，是满足员工生理需求的根本，银行业也不例外。因此，银行应建立公平合理的薪酬绩效管理体系。首先，应完成科学系统的职位分析工作，即基于岗位责任、劳动强度、劳动条件及任职资格等要素准确地评价银行内部各岗位的价值，做好职位分析评价。其次，银行要树立三位一体的付薪理念，确保银行内部薪酬支付的公平合理性。具体来说，银行要建立完善的薪酬体系，避免银行内部出现薪酬平均分配、员工吃"大锅饭"的情况。除为员工所在岗位支付相应薪酬以外，因相同岗位员工在工作能力和工作绩效方面仍有差异，银行应为员工的能力和绩效支付薪酬。再次，应科学建立封闭循环的绩效管理体系。通过构建以定量指标为主、以定性指标为辅的绩效考核指标体系，做好对员工绩效的控制和反馈，帮助员工不断开发

自身潜能、完成个人工作目标以获得更高的报酬收入。最后，应建立动态的岗位管理体系，引入竞争淘汰机制。对不能胜任岗位职责的员工进行调整岗位或退出岗位处理，从而营造良性的竞争环境，使员工能持续主动地改善工作绩效，努力达到岗位任职资格条件。

2. 建立科学、规范的管理体系，满足员工的安全需求

根据马斯洛的研究，员工安全需求主要有两层含义：一是人身安全需求；二是心理安全需求。员工的人身安全是首要的，因此银行应致力于为员工提供良好的工作环境，并持续改善劳动条件，通过建立完善的安全制度体系、规范的作业流程，提供必要的劳动保护用品等职业保障手段来确保员工在工作中的人身安全。同时，银行应建立科学、规范的规章制度管理体系，以法治代替人治，让管理过程公平、公开、公正、有迹可循，避免员工因管理混乱或不公平而消极怠工的现象。

3. 建立银行文化，满足员工的社交需求

银行文化是因银行发展而沉淀下来的价值观的总和，也是全体员工认可的基本信念。因此，银行应首先营造一种“家”的文化价值观，即让员工成为银行的主人，参与银行决策和管理，并且帮助解决员工的个人问题，定期组织关怀员工的活动，以增强员工对银行的认同感和归属感，如此一来，员工就会以强烈的使命感和责任感努力完成工作目标，以实现银行和员工个人的双重发

展。而员工的社交需求还体现在员工渴望与他人建立良好的人际关系方面，银行可以通过组织各种集体性文娱、体育赛事活动，增加员工间的交流，为员工提供同事间温馨人际关系的机会。另外，管理人员应该为下属营造良好的工作氛围，关怀下属的成长和发展，并通过组织定期聚会、座谈会及交流会等形式促进下属之间的交流，形成同事间互相支持和帮助的关系，增强团队凝聚力的同时满足员工的社交需求。

4. 优化管理理念，满足员工的尊重需求

人都有受尊重的需求，银行员工也不例外。银行员工对尊重需求的满足来自银行管理人员，因此，优化银行管理者的管理理念非常重要。

首先，银行管理者应当与员工共同制订绩效目标，这样员工才能认可并自愿去实现绩效目标。设置明确的工作目标可以激发员工的内在动力、引导员工积极主动地推进和完成相关工作。

其次，在确定工作目标之后，银行管理者应该明确授权，告知员工在完成工作任务期间可获得的回报，并在工作进行过程中帮助员工经常性地确认阶段性成果是否符合既定工作目标的要求。当然，这不是要求银行管理者事无巨细地对员工的工作进行把控，而是让管理者给予员工方向性的指导，让员工发挥自己的自主性。这会鼓励员工战胜困难，拥有完成工作的信心和能力，从而把工作做得更好。在管理的过程中，银行管理者还应及时与员工进行沟通，仔细聆听员工的内心感受，了解员工的困难和疑惑并提出

解决方案，使员工觉得受到尊重和认可，从而更好地完成既定工作目标。

最后，银行管理者应适时地对员工的能力进行肯定，让员工感觉到自己在组织中的重要性。在员工完成工作目标时，如果能达到或超越预期目标，那么管理者应及时公开表扬或者给予奖金等形式进行激励；如果未达到预期目标也不能一味地批评和埋怨员工，不能因为一次失误而对员工的工作能力妄下判断、主观否定员工的努力和付出，而是应与员工一起分析失败的原因，以客观存在的事实依据找出绩效短板并为其制订有针对性的绩效改进计划。

5. 为员工提供更广阔的舞台，满足员工的自我实现需求

员工的自我实现需求，从根本上来说是员工实现自身职业发展的需求。银行要满足员工的自我实现需求，首先应搭建和完善人才培养体系，打造学习型组织，针对员工的成长周期，进行有针对性的培养，如建立入职培训、岗位培训、在岗培训、进阶培训等一体化的培训体系，满足员工希望获得更多知识和技能的学习需要。

其次，建立良好的职业发展机制，为员工提供多元化的职业发展通道和丰富的职业发展机会，创造员工发展的良好氛围，以提高员工主动学习和工作的意识。确保建立公平的职业晋升渠道，如通过组织企业内部公开竞聘等方式，为员工实现职业发展提供机会。

再次，对员工的本职工作进行充分肯定，通过岗位工作丰富化

和扩大化等形式，激发员工工作兴趣，提升工作层次，并使员工在工作中获得更多的自主权和决策权，员工将会因此迸发出强烈的责任感、使命感，不断探索创新，提高工作效率。

最后，对工作表现优异的员工委以重任，并提供帮助和支持，帮助他们克服工作中的困难，这样更能增加员工的自豪感和成就感，激励员工在工作中保持积极性；为绩优者提供更多元化、差异化的薪酬福利体系，并建立绩优者绩效标杆，鼓励员工不断提升自我，以达到更高的绩效目标。

综上所述，员工工作就是为了满足自身的需求，银行只有根据员工需求的层次，逐步满足员工的需求，才能帮助员工更好工作，从而留住员工，让其长期为银行效力。如果员工在某家银行不能满足自己的需求，工作就会没有积极性甚至考虑离职。

工作是一种享受，不能成为一种负担。银行如果不能让员工快乐地工作，就会付出更多。从马斯洛的需求层次理论可知，人的需求不仅限于生理需求，所以员工的工作目的也不只是得到一份薪水。工作的最终目的就是不断满足自身需求。银行只有了解员工工作的目的，不断帮助员工达到目的，实现其价值，才能和员工实现双赢。

养成良好的职业行为

银行从业人员作为社会中的一员，虽然所从事的行业有其特殊性，但是良好的职业行为是必不可少的。良好的职业行为不仅影响到银行从业者个人的发展，而且影响到银行的生存和发展。目前，在我国的一部分银行中，从业者已经形成了良好的职业习惯，他们注重银行的长期稳定发展，献身于银行，重视客户权益，工作认真负责。但是，在我国银行中也仍有相当数量的从业者职业行为不规范，职业意识模糊。造成这种现象的原因如下。

首先，没有看清银行从业者职责与其他行业的不同之处。银行从业者从事的工作是一项特殊的劳动，这种特殊性主要表现在银行从业者接触金钱的机会比较大，接触金钱的数量也比较大。如果工作稍有疏忽，就可能给客户或银行造成巨大损失。因此，在工作当中，员工应该严格按照职业要求去做，而不能随意更改借贷和储蓄的原则。

其次，禁不住金钱的诱惑。现代商业银行是从事生产经营活动的、独立的、营利的经济组织。银行的工作人员应该把追求银行的最大利润作为经营目标，但是不能因此让客户受到经济损失。有些银行工作人员只看到金钱利益，而忘记了诚信，为了银行的利益而牺牲客户的利益，这种做法有违银行的诚信原则。还有的银行工作人员为了满足个人私欲而把银行的资金占为己有或挪为私用，这都是禁不住金钱诱惑的表现。

银行从业者职业行为的不规范，容易引起其行为的随意化，进而导致工作疏忽，给银行带来损失。因此，进一步规范银行工作者的职业行为，树立其职业意识非常重要。

为了使银行员工养成良好的职业行为，银行在实践中应该做到以下几点（见图 5 - 2）。

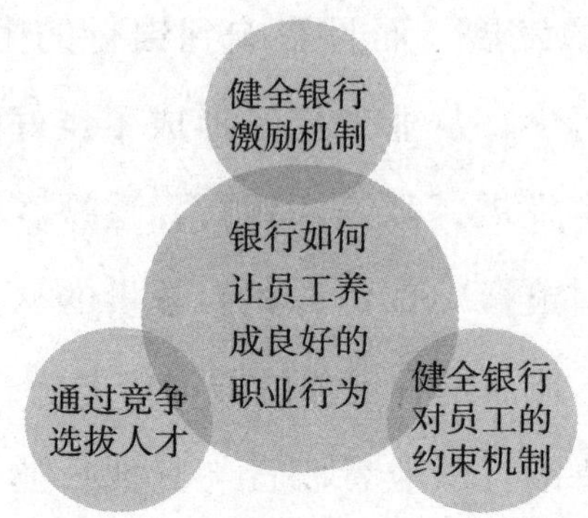

图 5－2　银行如何让员工养成良好的职业行为

1. 通过竞争选拔人才

银行员工的成长和发展离不开竞争。在竞争当中，个人面临优胜劣汰的生存斗争时，如果没有良好的职业行为就有被淘汰的危险，这是竞争对银行员工的基本要求。银行的员工只有在竞争中出类拔萃，才能被银行上下认可，最终被选到更能发挥其价值的岗位上。

智能时代，银行业也在与时俱进，通过网上考核、网下训练，可以激发员工的竞争意识，但是很多银行仍然没有建立起有效的竞争机制，没有充分调动大部分员工的工作积极性。一些具有良好职业行为的员工没有被安置到合适的位置上，这不但限制了员工的发展，而且给银行造成了人才的浪费。因此，银行必须尽快建立和发展竞争机制，使员工都参与到竞争中来，真正选拔出优秀的人才。

2. 健全银行激励机制

银行工作的特殊性，使银行工作人员的工作直接和资金挂钩，稍有疏忽可能就会造成资金的流失。如果银行工作人员缺乏工作的积极性，不能把主要精力用于工作中，就会出现不良的职业行为。因此，银行必须对银行员工进行有效的激励。银行在激励机制的健全方面，除应继续采用工资、福利等基本方式外，可以实行年薪制。年薪制的实行不仅在工资分配上突出了员工在银行中的地位和作用，也使员工的收益与其在银行中所处的地位及对银行的贡献相适应，表明了员工在银行中的重要性。而且年薪制体现了利益、责任、风险相一致的原则，员工的个人收益与银行经营效益，以及员工承担的责任和风险直接挂钩，从而降低了不良职业行为的发生概率。同时，实行年薪制可以更好地贯彻按劳分配原则，员工的收入与工作绩效相结合，使得员工自觉地把保证银行资产保值、增值及银行利润最大化作为自己的追求目标。

除此之外，银行可以借鉴西方发达国家的一些好的措施，如给银行员工股票期权，使员工在关心自己利益的同时更加关心银行的利益。为了使员工具有良好的职业行为，银行除了物质上的激励外，应该进行更多的精神上的激励，使员工的名誉地位与银行的日常工作紧密联系在一起，真正体现出银行员工与银行荣辱与共。

3. 健全银行对员工的约束机制

“没有规矩，不成方圆”，银行要想使员工养成良好的职业行为，必须建立、健全约束机制。银行员工的职业行为是否纳入良好的轨道，在很大程度上取决于约束机制是否健全。科学、合理、有效的约束机制不仅可以促使员工自身健康发展，也会避免其由于职业行为不规范给银行造成严重损失。就目前我国银行业的特点来看，健全银行业员工的约束机制，主要应做好以下工作。

第一，政府监督。一是监督银行的市场行为，通过规范、监督银行行为来约束银行员工的行为；二是政府直接监督员工的行为，即出现员工不顾银行利益而银行内部又不能实施有效监督的非常情况时，政府出面直接进行干预。

第二，国家法律法规的约束。我国目前约束银行工作人员行为的法律法规，对银行工作人员责任、权力等都有明确的规定，可以起到对银行经营者行为的约束作用。但我国的这些法律法规关于银行经营者的规定还不够完善，如过分强调了权力、责任，没有规定利益激励制度，法律责任不严格，不足以起到惩戒的作用等。因此，国家应进一步完善和修订有关的法律法规，使之真正起到约束和规范企业经营者行为的作用。

第三，银行内部规章制度的约束。银行首先应建立健全各项规章制度。在此基础上，要认真抓好各项规章制度的贯彻落实，定期检查制度的执行情况，真正保证银行内部党委、董事会、监事会、职代会、工会对银行上下人员的监督，使其职业行为步入良性运行的轨道，使其行为与银行的整体行为保持协调。

第四，加强社会监督。发挥银行客户和社会舆论的监督作用，防止银行工作人员损害客户权益行为。

第五，强化银行工作人员的自我约束。加强对银行工作人员的职业意识和职业道德的教育，让银行工作人员对其所从事的职业有清醒的认识：如果在工作中出现失误，工作人员的收益将会受到损害，严重者将会断送职业生涯。由此，使其自觉地约束自己的行为。

总之，银行要促使员工养成良好的职业行为，遵守职业道德（与人们的职业活动紧密联系的符合职业特点的道德准则、道德情操与道德品质的总和）。只有这样管理者才能增强银行抗风险的能力，员工也能够发挥所长。

后　记

银行一旦出现风险损失，尤其是影响其经营的风险损失，将会产生严重的后果，影响经济发展和社会稳定。因此，在商业银行的经营管理工作中，风险管理一直是其核心内容和主要任务，商业银行几乎所有的经营政策，都是围绕着坚持安全性原则，去追求利润的最大化。因此，商业银行无论在什么时代，风险管理都是其永恒的主题。

本书对智能时代我国商业银行所面临的风险与危机做了详细的分析，总结了我国商业银行在风险管控中的一些不足，以期给商业银行做好今后的风险管控工作提供有益的参考。

在智能时代，我国商业银行需要积极采取有效措施，实现对风险的有效管理和规避。我国银行风险管理技术的基础是建立先进的信息收集和处理系统。通过收集大量和连续的客户信息和市场信息，对客户的风险和市场的风险进行识别和预警，合理确定风险防范的措施。

本书在写作过程中参考了一些银行管理实务书籍，总结出了智能时代银行所面临的几种主要风险，结合银行经营的实践活动，给出了智能时代银行做好风险管理的一些有效方法。书中介绍的一些风险防控方法，有的是从实践活动当中总结出来的，有的是结合互联网发展的趋势所做的预测，对智能时代银行做好风险防控工作有较大的指导作用。

希望本书的读者能够从中获益，从而为做好智能时代的银行风险管理贡献自己的力量。